The Gift

The Gift

The Gift

The Gift

萬事皆美好

讓無數希臘人感受幸福的禮物書

史戴凡諾斯・詹內奇斯（Stefanos Xenakis）著　祁怡瑋 譯

序

那是小學五年級的事，但感覺起來卻像昨天。還記得我從自然科學課本上讀到：「雖然多數人都看得見，卻很少人有觀察的能力。」當時，這句話在我看來沒什麼道理。

長大一點之後，我就懂了。後來，我也學會了觀察，不只用眼睛，更是用我的心，捕捉多數人眼中的細微瑣碎，像是夕陽、花朵、一抹微笑、一個點頭。我學會如何處處看見美，甚至是從醜陋當中。

過程中，我學會分享美。懂得如何將自己的生命和別人的生命連成一體。也是在這個時候，我明白了這就是我人生真正的目標。

接著，又發現我可以冒險。可以面對我的恐懼、質疑我的想法、走出我的舒適圈。學會如何每天每天、每時每刻、每分每秒逃出日常生活的牢籠。

我學會抬頭挺胸、面帶笑容、說真話、說好話、三思而後言、努力追夢。體認到天下沒有白吃的午餐，我的人生得靠我去爭取。日復一日，一點一滴。

一位跟我很親的叔叔曾說：「食物的壽命就只有在你嘴裡的那幾分鐘，所以你得好好咀嚼它。要是你一口吞下，它就沒了，一切就結束了。」人生亦然，我學會把人生當成母親的拿手好菜細細品味，學會品嘗每一個時刻。

有個故事是這麼說的：有一天，農夫在田裡挖呀挖。挖著挖著，他的鋤頭敲到硬物斷掉了。農夫氣急敗壞地彎下身，看看是什麼害他弄斷鋤頭，結果是個盒子。他把盒子打開，發現了裝在裡面的寶物。所以，就像那位農夫一樣，體認到我必須打開人生的盒子，即使我不喜歡它的包裝。畢竟，**最好的禮物可能披著最醜的包裝，我體認到人生本身就是一件禮物**。

最後，我學會接受自己犯的錯。學會以尊敬和愛看待這些錯誤，並連同這些錯誤一起愛自己。對我來講，這就是關鍵。與其努力少犯錯，不如任由自己盡情犯錯，而後我犯的錯自然就少了。

十年前，我開始在筆記本上寫下生活中的奇蹟，姑且稱之為我的感恩清單吧。一開始，我找不到什麼好感謝的東西，但後來漸漸就找到了。到最後，我簡直欲罷不能。在我眼裡，一切都是奇蹟——我會說話，我能走路，忙完一天之後有一張溫暖的床鋪在等我，我的生活就是這樣變得充滿美。再接下來，我就體認到美不存在於我所見之物，而是存在於我自己眼中。

從那之後，我總隨身攜帶我的筆記本，走到哪寫到哪——工作時、火車上、在家裡，無處不寫！我用珍貴的文字填滿一行又一行，用美好的奇蹟填滿一頁又一頁，用數不清的筆記本填滿我的書櫃。

後來突然就發生了一件神奇的事。有一天，我不再只是為自己而寫。我開始為周遭的人寫了起來，我開始分享從我筆下傾瀉而出的美好事物。

你手上這本書是生命的結晶。

我的生命，我們的生命。

幾則短短的故事，很多很多的愛。

希望這本書有助於分享我所經歷的美好。即使只觸動到一個人的心弦，這本書也值得一寫。

人生值得我走這一遭。

目錄

莉莉

我嚇了一跳。電話很少一大早七點就在響，通常是我打給兩個女兒道早安。

電話那頭是我的大女兒，她在哭。

「爹地，莉莉死了。今天早上，我在籠子裡發現牠死了。」

莉莉是她養的兔子。

「嗚嗚……」

我這邊是長長的停頓。

「阿芙拉，親愛的，我們養莉莉多少年了？」

「沒多少年，爸比，五、六年吧。」

「喔，阿芙拉……兔子的壽命就是這麼長。」

「嗚嗚……」

「寶貝，從我們生下來的那一刻起，唯一可以確定的就是有一天我們都會死。」

有開始就有結束。

有結束也就有開始。

「莉莉活六年至少相當於人類活一百年。牠生過兔寶寶，牠生前過得很快樂，牠愛過也被愛過。親愛的，活得像莉莉那麼好的人不多。」

電話的另一頭沉默了。

「寶貝，有朝一日我們都會離開。莉莉活了人類的一百年，妳打算活多久呢？三分之二世紀？」

電話那頭有點笑出來的跡象。

孩子們從小就要明白生離死別的事實，他們不需要被保護起來。我拿起父親的鏟子，去我前妻家，抱了裝在盒子裡的莉莉，到學校接兩個女兒。

「嘿，小傢伙們，要不要一起去把莉莉埋起來？」小女兒聽了很興奮，大女兒猶豫了一下，最後點了點頭。我們來到我們最愛的一座郊山，地點就在我們位於雅典的家附近，黃昏時從這裡可以看到海水變得金光熠熠。

我們找到一個岩石不多的地方，我在地上挖了個洞。我把莉莉從盒子裡取出來，用紙巾把牠包得像個小新娘，接著抱起牠來，準備放進墳墓裡。我的大女兒無法接受，她把莉莉從我懷中搶過去，像媽媽把寶寶攬進懷裡。她小心翼翼地將紙巾打開，用她的小臉磨蹭她的兔寶寶，給牠最後一個吻。接著，她輕輕將牠放進墳墓裡，在牠旁邊放了幾片萵苣葉，免得牠肚子餓。

她哄道：「閉上眼睛吧，我的小莉莉。」她又在牠旁邊放了幾朵仙客來。我們再把土埋上去，並用兩顆大石頭做了記號，好記得我們心愛的兔寶寶埋在哪裡。

之後，我們就跑去吃冰淇淋。

「女兒啊，這是人生的一部分，每一件事都是，只不過我們人類把事情分成『好事』和『壞事』。下雨和出太陽、生與死、愛與恐懼、山與海、風平浪靜與狂風暴雨，都是人生的一部分。雨過天晴，冬去夏來，福禍相隨。**以前我只愛好事，現在好壞我都愛。**」我對她們說，像是努力要為苦口的藥裹上甜甜的糖衣。

我沒期待得到回應，但小女兒為我下了個最好的註解：「所以，爸比，你是說你喜歡你不喜歡的事情囉？」

敬愛父母

他是我的一個朋友，來自塞薩洛尼基，體型高大，少說也有一八二公分。每次他來雅典，我們就一起出去吃個飯、喝個兩杯，酒精總是誘出我們的真心話。

他說：「史戴凡諾斯，我老爸是這樣跟我說女人的。」他的嘴角露出一抹賊笑。「男人身上最壞的特質，就是女人身上最好的特質。」

我們倆都哈哈大笑，不只是笑那句話的誇張，更是笑他說那句話的方式。

笑著笑著，我兄弟卻突然哭了起來。一開始輕聲哭，後來越哭越大聲，最後又轉為啜泣。我不知道他在哭什麼，也不知該作何反應。出於對朋友的尊重，我什麼也沒說，沉默了一陣才開口。

「喂，兄弟，怎麼了？」我最後問他。

「我父親……幾年前突然過世了。我這混帳從來不曾跟他說過我有多愛他。他走了以後，我才明白他有多偉大。」

我只是靜靜坐在那裡，陪他心痛。

人總把一切看得理所當然，包括父母在內。接著，在某個好端端的早晨，他們悄悄溜走了，留給我們滿腹想說卻不曾說過的話。

如果你雙親健在，動身去看看他們吧。今天就去。

樹欲靜而風不止，宇宙不會因你大限已到停下腳步。

跟父母抱一下。

不要害怕擁抱。

告訴父母你有多愛他們。

他們為你做了那麼多。

當你有了自己的孩子，你才明白父母為你做了多少。

而他們不求回報。

只求你也愛他們。

如此而已。

你要做的就是讓他們看到你愛他們。

父母若有不是，也是出於好意。

原諒他們吧。

他們的父母也會犯錯。
而你對你的孩子也會犯錯。
我深切希望，總有一天，你的孩子也會來抱抱你。
原諒你。
朋友們，要愛父母。
像愛你的孩子一樣。
因為要不是有你的父母，你的孩子就不會存在。

笑容的餘韻

我總是先讓路，這是其中一件帶給我快樂的小事。一天早上，我開車經過超市，一輛小車正要從停車場開出來，我踩下剎車。對方過了一、兩秒才明白我要讓她先過，她大概六十幾歲，看起來很貴氣，剪了一頭時髦的短髮，雙手緊握方向盤，禮貌地笑了笑，開始把車開過去。就在駛上大馬路之前，她又看了我一眼。她面向我，再次露出笑容。這次，她整張臉都笑開了，或許整個人都笑開了，這是再美不過的笑容。笑完，她輕輕垂下眼瞼聊表謝意。那就像是後浪緊追著前浪衝上岸，出乎你的意料，而且力道更強。那位女士開著車走了，但那抹笑容的餘韻久久不散，撫慰著我的靈魂，你很難相信那份感覺會這麼強烈。

半天過去的傍晚時分，我把車停到馬路右側，拿出手機傳訊息，眼角瞥見旁邊的巷子裡開來一輛車。燈號轉綠時，我注意到那位駕駛直盯著我，像有求於我似的。我意識到他想把車開上馬路，但他得從我旁邊擠過去。那位駕駛笑開了臉，他有那種你從畢業紀念冊上一眼就會看到的笑臉。我揮手示意他過去，我的舉動出乎他的意料，他的臉上洋溢著孩子氣的笑容，我也不禁跟著笑了起來。他投給我一個會意的眼神，就像寫考卷寫得很絕望時遞小抄給你的同學。多美的一抹笑容啊！他甚至把手伸出車窗外，對我揮揮手表示感謝。再往前開一點之後，那位駕駛把頭探出車窗，又對我點了點頭，一再表示感謝，彷彿分數出爐，我們倆都通過考試了。我不禁熱淚盈眶。兩朵微笑的餘韻彷彿合而為一，變成一朵大到難以形容的笑容。事實上，你甚至不需要去形容它。

我欣賞人生中小小的樂事。

欣賞不已，就像在沙灘上拾貝。

我彎下身，一一撿起這些貝殼。在內心深處有一個收藏這些寶物的藏寶盒。這些年來，我收藏了不少寶貝。**每天都變得更富有、更快樂，而我不在乎它們值多少錢。**

是它們真正的價值令我富有。

私人土地

有人給你一塊土地，叫你照顧它，還教你一些基本知識：犁地、澆水、施肥、翻土、除草，讓它休息，好好愛它。

有些人聽話照做，但也只是照做而已，他們以為自己都懂了，就不付出時間多學一點。

有些人甚至聽都不聽，抱定了自以為是的想法。他們沒有耐心又一意孤行，到頭來自討苦吃，土地都乾涸了。

有些人決定多學一點。所以，他們查資料、問問題、讀書、聽取意見。學到了最重要的一件事，那就是他們的無知。於是，他們決定有生之年都要繼續學習，這樣不只改變了自己的人生，還改變了他人的人生，他們的土地變成人間的樂土。

有些人怨天尤人，怪自己的土地不在海邊，怪土質太乾，或抱怨那些把土地顧好的人都是靠人脈。有些人動起歪腦筋，不去觀察和效法富人的做法，卻想著怎麼把富人的財富奪走。他們是那種嫉妒鄰人的人，一心詛咒鄰人的土地乾涸。

有些人受不了冬季的嚴寒，有些人受不了夏季的酷熱，有些人既受不了嚴寒也受不了酷熱。有些人不知道自己要什麼，有些人這也不要、那也不要。他們以為不喜歡一月，就把一月從月曆上撕掉就好了。他們叫別人也把一月撕掉，還叫你小心那些不撕的人！

但一月是上天的恩賜，一年四季、每個月分都是。播種有播種的時候，收成有收成的時候，澆水、移植各有各的時候。**尊重自然法則，顧好自己的土地。成天只顧窺看鄰人的土地，你的土地就會乾涸。**你唯一要做的，就是把上天賜給你的照顧好，讓它變得更大、更好。宇宙就是這樣運作的，凡不成長的必枯萎，終至消亡。好農夫懂得等待，懂得懷抱信心。但最重要的是，他懂得如何耕耘。

這是他從辛勤工作和犯錯中學到的東西。**錯誤就是經驗，你要從錯誤中學習，怕犯錯才可怕，避開錯誤的人也避開了成功。**一開始，你可能澆太多水了，你可能在不對的季節播種，你忘記修枝，你過度使用這塊土地。你不愛護它，你怨聲載道，丟著它不管。不妨把它想成梯子吧，只要一格不踩穩，你就會倒退兩格。

小心別讓日子就這樣過去，別讓人生就這樣過去。

每一天都是禮物，打開它，別把它隨手扔掉了。

小心輕鬆的日子，

那是溫水煮青蛙，必死無疑。

要去愛你碰到的問題，
每個問題都讓你前進一步。

要歡迎逆境，
風越強，樹越壯。

精神百倍

不是你駕馭人生，就是人生駕馭你，沒有中間地帶。球一旦進了網子就不會回來了，賽場上的兩邊有如日夜之別，一邊是哀嚎、呻吟、氣憤、無助和沮喪，另一邊是喜悅、分享、自我價值、幸福和力量。兩邊都有麻煩，只要你活著就有麻煩。麻煩沒了，一切也就結束了。有些麻煩是五十磅重的龐然大物，身上還散發汗臭，像是剛從簡陋的健身房運動出來。有些麻煩披著美麗的色彩，還頂著一張笑臉，像是在對你眨眼。

你不能決定未來，但你能決定自己的習慣，而這些習慣決定了你的未來。如果你想跟那些成功人士一樣，那你就得有他們的習慣。

例如加拿大作家羅賓·夏瑪，他對我的影響勝過任何人，他教我早起的重要。他說凌晨五點，大家都還在睡覺，你就該起床了。此時活力處於顛峰，精神百倍地開始一天，在你的夢想、目標及晨間運動的陪伴下醒來，在人生的陪伴下醒來。好好規畫每一天，就像你是全世界最重要的大人物，對你來講，你的確是。

但最重要的是你傳達給自己的訊息。打贏賴床這場仗就是在宣布人生由你決定，這則訊息如此響亮，那個懶散、貪睡、遊手好閒的你，那個向你點頭，說你值得賴床一下的你都會聽到。那個你說：「為什麼要在這麼冷的天出去？」那個你叫你睡個夠，把夢想擱置一會兒沒關係。那個你像一隻懶洋洋的貓咪，窩在壁爐邊打呼嚕。這個你在賽場的一邊，那個你在另一邊。擺脫那個你吧！你的夢想還沒生根，那個你就把夢想拔除了。你的人生還來不及綻放，那個你就把人生偷走了，這是自取滅亡。擺脫那個你吧！

從床上爬起來，選擇你要打哪一隊。

早晨的鬧鐘就是比賽開始的號角。

吹響號角，讓全宇宙都聽見你。

來片口香糖？

我一年去看他兩次。他是我的律師，專門處理破產業務。所以，他的辦公室不時有些鬼鬼祟祟的人物來來去去。

這天，我準時抵達。馬基斯總有忙不完的工作，你得在候客室等待，就像在牙醫診所的候診室。有個人進來，在我對面坐下。我沒怎麼注意他，只是瞥了他一眼——山羊鬍，面帶笑容，看起來很和善。

祕書問我們要不要喝水。我說不用了，那個人則說好。聽他說好，我也跟著改變主意。我禮貌地笑了笑，他也回我一笑。我們之間不到破冰，但也拉近了一點距離。一會兒過後，他把手伸進他的背包，又看了我一眼。

「來片口香糖？」他提議道。

「不了，謝謝。」我婉拒道。

接著，「牙醫」就喚我進他辦公室，我和口香糖男士就此別過。會面很順利。

後來，「口香糖事件」又從我腦海浮現。那是我一天中的亮點，像是穿雲而出的一絲光亮，你可能覺得很不起眼。

「分享」從不是一件不起眼的小事。

分享是神奇的魔法。

分享是愛的行動。對分享者來說，分享是一件賞心樂事。分享什麼不重要，無論是一輛車，還是一本書，那份喜悅都是一樣的。

你要麼懂得分享，要麼不懂分享，非黑即白。就像你要麼會打球，要麼不會。好消息是你隨時可以學，而且學會了就是學會了，你沒辦法不分享，因為你上癮了。

如果不說那句「謝謝你」，如果不為那位路人停下，如果不對陌生人露出笑容，你的一天、一週乃至於一生會變怎樣，你不得而知。別人怎麼做是別人的事，你管好自己就對了，你會得到神奇的結果，你的人生會改變。突然之間，你就得到自己一直以來想要的。

施洗約翰說：「有兩件衣裳的，就分給那沒有的。」現在，重點來了：你得有兩件才能分一件給別人。所以，務必確保自己不虞匱乏。你的汽車電瓶得有滿滿的電，才能借電給別輛車。否則，兩輛車都會落得電力不足。

有個來自北愛爾蘭的人，名叫喬伊．鄧洛普。他一連五年贏得曼島旅遊者盃一級方程式摩托車大賽世界冠軍，大家都崇拜這位國家英雄——不是因為他的金牌，而是因為他的善心。這位先生把他擁有的一切都給了貧困的孩子，他默默買了食物，默默裝上他的拖車，默默開到羅馬尼亞，送食物給孤兒。

他在四十八歲車禍身亡。多達五萬的民眾來向他的偉大情操致敬，稱頌他的一生。

想都不用想，我願用一百年無意義的人生交換一小時他的人生。我的朋友，不要只是盯著你的那條口香糖，把它分享出去吧！

這就是你來到人世間的目的。

你的目標，就是你的人生

認路向來非我所長，我很容易迷路。手機已經裝了導航應用程式好一陣子了，出發之前，我知道自己要去哪，知道目的地。如果不知道怎麼走，我就開導航。有時候，即使知道怎麼走，我還是會開導航，系統往往會指示一條更好的路線，我就又長見識了。

多數人都還沒決定自己的目的地，他們沒有目標。有些人以為自己有，但其實不然。有一位演講者問聽眾他們的目標是什麼，一位聽眾舉手說他想賺錢，演講者就給了他一塊錢，笑著問他：「現在高興了嗎？」你的目標要訂得具體明確，並用數字把它量化。舉例而言，明年結束前我要減到七十公斤、全家人每週要一起出去玩一次、五年之內要達到年收百萬、每年四月要定期做健康檢查……以此類推。

數十年前，哈佛大學找了一些在校生參與研究，看看他們有多少人設定了人生目標，結果只有三％的學生有目標，其餘九十七％都沒有。三十年後，研究人員調查了當初這些參與者的發展。就財力而言，立定目標者的成就相當於其他所有人的總和。

所以，你對未來的想法越明確，你的目標就越有可能實現。**目標把未來帶到現在，目標**

把看不見、摸不著的，變成看得見、摸得著的。如果一切全憑機運，人生只會在漫無目標中溜走。人生不會照沒有定出來的座標走，當人生走到盡頭，不能回過頭說人生對你不公平。人生沒有對你不公平，是你對人生和自己不公平。

規畫旅遊行程時，你規畫到每一個細節——要搭哪個航班、要住哪間旅館、要參觀哪個景點。但你卻以懶得鋪床的態度，對待你可憐的人生。每次看到那張亂七八糟的床鋪，就覺得心情惡劣，但你還是不去鋪床，而那張討厭的床鋪可不會自動鋪好。

贏家都有目標，而且是很大的目標，他們想改變世界。他們知道要做什麼、要怎麼做才能改變世界。他們從一開始就定好座標，然後邁步前進。在他們的心目中和腦海裡，他們的夢想是如此鮮明，別人都還看不見，對他們來講就已成真。看看愛迪生、潘克斯特（注：推動英國女性獲得投票權的女權運動者）、甘地、馬丁・路德・金恩、羅莎・帕克斯（注：現代民權運動之母）、甘迺迪、曼德拉和賈伯斯等人吧！

夢想是他們的指南針，夢想就是他們的生命。他們寧可被剝奪性命，也不願被剝奪夢想。

曾有人問海倫・凱勒看不見是什麼感覺。她說：

「唯一比失明更糟的，就是你看得見，卻沒有遠見。」

女魔頭庫伊拉

星期天晚上，我成功在一週結束前擠出最後一則日誌。時間是晚上八點，我慢跑完開車回家。在市中心一個繁忙的區域，為了買一瓶冰水，我開到一間咖啡館前臨停。我跟別輛車並排停車，外帶窗口就在眼前，離車子沒幾公尺。是啦，並排停車不太合規矩，但我也不至於因此吃上一輩子牢飯。

我正要下車，就感覺有人在瞪我。回頭一看，停在我旁邊那輛車的車窗搖下來了。對方駕駛手握方向盤，眼裡殺氣騰騰，眼角簡直像是滴下了毒藥。她咒罵了什麼，我聽不到。我感覺得到她的憤怒，但我不作回應。她氣的搞不好是她自己，而不是我。我發動引擎倒車，讓她開出去。

但意想不到的事情發生了，我的車沒有向後退。我再試一次。車子動也不動。看來我的車被庫伊拉（注：《一〇一忠狗》中的大反派女魔頭）下了詛咒！它可從沒這樣過，我錯愕不已。現在，庫伊拉真的氣炸了，她一邊口沫橫飛地大罵，一邊作勢要把車開出去。我將引擎熄火，讓我的車喘口氣，再重新發動一次。它轟隆隆地活過來了，我終於能讓路給她。她以十足庫伊拉的架勢加速開走了。

以前的我大概會跟她大吵一架，但現在的我不會。我現在知道精力很珍貴，不容隨便浪費，要用生命守護它。我知道如何控制脾氣，知道那位女士的怒火不是針對我，知道說什麼、做什麼都不會有幫助。

我現在知道自己能控制什麼、不能控制什麼。

我要把所有的精力用在能控制的事情上，避開不能控制的人事物。

我爸總愛說：「左耳進，右耳出。」你可能覺得說起來容易、做起來難，其實不會，只需要練習。

從庫伊拉事件之後，我就學會遠離毒型人物，而我的車也沒再故障過。

避開毒型人物或許也需要一點練習。

根

每年夏天，我們都到愛琴海東北方的希臘島嶼希俄斯島，我祖籍上的老家在那裡。就記憶所及，父母常帶我們回去，那裡是我們的根。我愛上了這個地方。現在，我也帶孩子們一起回去。

這些旅程當中有一個美好的例行公事，那就是船從比雷埃夫斯港啟航前一、兩小時，車輛大排長龍，別輛車也是要帶家人去島上。朋友在此重逢，新來的人也受到歡迎，大家有說有笑。

下一站是船艙。女孩們占據上鋪，興致勃勃地計畫著要如何在船上過夜，還用被子築起小小的堡壘，彷彿我們要在船上待幾天似的，但整趟航程還不到六小時。接著，我們就到甲板上，從船首向港邊揮手道別，看著渡輪越開越遠，比雷埃夫斯港漸漸消失不見。

在船上的餐廳，我們專挑靠窗的座位。穿著硬挺白襯衫的服務生為我們點餐，我總是點番茄醬燉飯。我是學老爸的，他是船長，所以他很清楚什麼最好吃。吃飽喝足了，就回到船艙，在月光下說故事。兩個女兒央求我說她們最愛聽的故事。坦白說，我不知道是她們愛聽，還是我愛說，究竟是誰才比較渴望床邊故事的美好時光。她們總是聽到一半就睡著了，我擠進上鋪，睡在我的小女兒外側，免得她掉下床去。小時候，我母親也是這樣呵護我的。凌晨四點半，鬧鐘響起。仍是夜闌人靜的時分，服務生就來敲門，通知我們抵達了。他們還會把燈打開，免得不小心又睡著了。我第一個起床，才好及時把女兒叫醒、抱她們下床，就像我老爸以前一樣。

摸黑開車到飯店途中，我們行經米利的三座古老風車。小女兒向一旁昏昏欲睡的姊姊說著風車的事，我忍不住笑了出來。再往前開是迷航水手紀念碑，我最愛的一位阿姨以前都到這裡散步。現在，她在天堂的某個地方散步，笑咪咪地看著我們滑稽的舉動。

我們抵達飯店。小女兒一手推著她的行李，一手拖著她的滑板車，她不肯將滑板車留在車上。一片漆黑中，滑板車的螢光車輪畫出八字型，我女兒所經之處也隨之畫出八字型。只有她懂不要把滑板車孤伶伶留在車上的重要，只有她感覺得到她的世界的富有。

我們在清晨五點半左右住進飯店房間。女孩們興致高昂，不想睡覺，我在她們的年紀也是這樣。小女兒打開冰箱。「怎麼沒有零食？」她失望地納悶道。我安慰她：「明天我們就進城去買一些回來。」我拍拍她們的背和肚皮，又說了幾個故事，設法哄她們回去睡覺。不一會兒，我們三個都睡熟了，躺得橫七豎八的。

上午稍晚，大女兒一骨碌跳起來說：「我要去看爺爺奶奶。」我要她親我一下，她親親我的臉頰。

想想看，我們才剛踏上這座小島。

這是家鄉的魔法！

是證明活著的魔法！

謝啦，老爸老媽。

你們在這裡找到了生命的要素，而我要把它傳給我的孩子，希望她們也會傳給下一代。

謝謝你們二老。

一切都會好好的嗎？

我早早醒來，人在溫暖的床鋪上，蓋著乾淨的被子。從床上起身，雙腳聽從我的每一個指示，支撐我站起來，接著帶我到浴室。打開水龍頭，享用水龍頭湧出來潔淨的自來水。抬頭看到鏡中的自己，鏡子再次完美地做好了它的工作。我移動，鏡中倒影就跟著移動。我走進淋浴間，關上玻璃門。鼻腔充滿肥皂的氣味，熱水流過皮膚，我好好享受了一下——言語無法表達那份美妙的感覺。走出淋浴間，一條溫暖、蓬鬆的浴巾已經在暖氣板上等我了，我用浴巾把自己包起來。

光腳走過地毯，這次，我的腳帶我來到窗前，我在窗前佇足。雨水沒有從外面滲進來，看著雨滴緩緩滑落、彼此交融，形成不規則的圖案。我欣賞了一會兒，接著去挑選了一件今天要穿的衣服。衣櫥裡還有更多衣服，但我沒選它們，我心情很好。

打開冰箱，裡頭也有很多選擇。做了早餐，榨了三顆多汁的柳丁，榨汁器也把它的工作做得很好，我要做的只是把半顆柳丁壓在榨汁器的頭上。我把柳丁汁喝得一滴也不剩，接著準備好出門辦事了。走出門後，我把門關好。唯有用我的鑰匙開啟，這扇門才會再度神奇地打開，其他鑰匙都不行。

現在，我的腳帶我來到車前——不偏不倚，直達目的地。是的，我有一輛完全屬於自己的車，它也是只有一把獨一無二的鑰匙才發得動。我把鑰匙插進鑰匙孔，轉動鑰匙，啟動引擎。我選擇不要打開汽車音響，我也有這個選擇。

午餐時間，我休息一下，到快餐店點了一份美味的沙拉。等餐點送來時，我看著旁邊經過的行人。

我的眼睛看得見。

你知道，不是所有眼睛都看得見。

我看見一張張面容，有些開心，有些不那麼開心。我看見一個個路人，有些步履匆忙，有些悠哉漫步。無論往哪看，我都看到形狀和色彩。我的沙拉不一會兒就送來了，乾淨的碗裡裝著很多鮮脆的生菜、熱呼呼的雞肉、酥脆的麵包丁，上面撒了現刨的乳酪，一碗五歐元。我有五歐元，我從皮夾拿出錢來付錢。

我也有一支手機，我用它來傳簡訊、上網、得知世界上的新鮮事。臉書提醒我今天是一位好友的生日，我們好一陣子沒聯絡了，於是我打給他，我們倆都很高興聽到彼此的聲音。

我生活在一個陽光普照的美麗國度，國泰民安。我知道明天我的房子還會在那裡，不會有一顆迷路的炸彈跑來將它夷為平地。這裡也是一個民主的國家，我愛說什麼就說什麼、愛去哪裡就去哪裡、愛什麼時候去就什麼時候去。我可以晚上十點之後出門，我可以慢跑、看電視、散步、讀書或耍廢。我可以見朋友，也可以選擇獨處。我可以笑，高興做什麼就做什麼，我是做選擇的那一個。

晚上，我回到家，打開前門。鑰匙再次做好了它的工作，沒給我製造麻煩。跟早上一樣，我的眼睛看得見、雙腳站得穩、雙手抓得牢，溫暖的床鋪還在同一個地方。沒錯，我沒有解決那天所有的問題，中東危機並未突然結束，臭氧層的破洞沒有神奇地癒合，但那仍是美好的一天。

我猜，明天雙腳還是會聽從我的每一個指令。

嘿！一切真的都會好好的嗎？

幽默

「人生是一場遊戲，你不玩才會輸。」這是我的人生導師最愛的一句話，他不斷灌輸給我們，非讓我們聽進去不可。

有一天，我在銀行裡排隊，無意中聽到後面傳來的對話，我聽得興味盎然。說話的女士年約四十多歲，她在跟一位老先生說她父親看起來有多年輕。「大家看到我們父女走在一起，都以為我們是情侶！」她說：「他來了！爸，來這裡一下，好嗎？」

我偷瞄了一眼，一位笑呵呵的老先生踩著輕快的步伐走來。笑容滿面的他身穿時髦的T恤，搭配一條百慕達短褲和一頂棒球帽——永恆的少年。他渾身散發活力，光是看著他就令人精神一振。他直接加入談話，問另一位老先生說：「你說我幾歲呢？」

「六十？」那位先生說。

「七十五！」永恆的少年驕傲地宣布答案，還忍不住笑了出來。

我讚嘆得轉過身去，我可不想錯過這一切。我讓位給排在我後面的人，逕自跑去加入談話。那位老先生笑開了臉，問道：「我是不是在哪裡見過你？或許我們都去找同一位理髮師？」他脫下帽子，旋即又笑了出來。他跟我一樣頂上無毛。「還是我們參加同一個舞蹈班？冬泳隊？」這位先生既游泳又跳舞，但最重要的是，他不忘歡笑，不忘拿每一件小事取樂。

一顆喜樂的心就是一切。笑聲既是喜樂的孩子，也是喜樂的父母——就像雞生蛋、蛋生雞的故事。**人在快樂的時候笑，但你也可以藉由笑一笑快樂起來**。在這一切背後是你的幽默感，是它在音控臺前撥弄鍵盤。幽默是生命的泉源，它是誕生新事物的希望，幽默是對生命的歡迎會。

有幽默感的人比較快樂。他們常保年輕、鮮少生病。他們閃閃發亮、散發光芒。無論去到哪裡，都引人注目，就彷彿他們沿途撒下亮粉，把這世界變成一個更可愛的地方。

幽默感是美好的特質，也是為人處世的技巧與風格。

偉大的人物都有幽默感。

邱吉爾和英國國會議員阿斯特夫人都是出了名地妙語如珠。阿斯特夫人對邱吉爾說：「如果你是我的老公，我就在你的茶裡下毒。」

邱吉爾回道：「夫人，如果我是妳的老公，那我寧可喝下那杯毒茶。」

不可能人人都愛你

面對事實吧。我花了好久才明白，不可能人人都愛你。

一九九八年十二月一日，我上臺為自己新公司發表開幕演說，我高興得都要爆炸了，演說到最精采的地方，我卻突然覺得怪怪的。下一秒鐘，我就一個字也說不出來了，像是電力突然中斷，無聲無息。我的嘴巴一開一闔，從嘴裡出來的只有空氣。就這樣，毫無預警。正常來講，過幾小時電力就會恢復，但我的電力中斷了六個月。整整六個月，我說不出一個字，只能發出細微的聲音，沒人聽得見我說什麼，連我也聽不見自己說什麼，我差點沒瘋掉。

他們說是心因性失語症。醫學檢查顯示我的聲帶沒問題，問題出在別的地方——通常都是這樣的：問題全在於我的心理。

以前，我是大家口中的「好人」，各方面都沒得挑，從來沒人說過我哪裡不好。直到有一天，有人批評了我。

在我失聲前幾個月，我受到了嚴厲的批評——至少以我的標準來說相當嚴厲，而我無法證明他們說的不對。過程中，我好好抒發了一番，以為已經把心裡的不痛快宣洩掉了，但我還是隱約覺得不痛快。難受到一位醫生朋友後來告訴我，我要是老個幾歲或體質弱一點，搞不好就中風了。

我們很難對人說「不」，很難拒絕別人的請求。打從小時候起，我們就需要別人的一點認可。大人教我們要乖——把飯吃光光、聽父母的話、不要搗蛋。簡而言之，我們學會假裝。長大之後，當你想到說「不」就畏怯，那是內在的五歲小孩在拉著傀儡的線。那個小孩不敢拒絕，他想討每個人歡心、逗每個人笑，而他越是拉扯，那些絲線就越是亂成一團。

但最重要的是接納自己，接納內心那道睿智的小聲音，勇於對別人說「不」，這是你欠自己的。**對自己說的「好」才是最穩固的基礎，其他決定都該以此為根據。**

不可能人人都愛你。

接受這一點，你的人生就會改變。

但你要愛自己勝過任何人。

唯有如此，你才能去愛別人。

最近我聽到一句話：「我會為你照顧好我自己，只要你為我照顧好你自己。」以前，他們說這叫自私。

現在，他們說這叫自重。

水渠

有一位深諳農事的朋友解釋水渠的形成給我聽。你在土裡挖一道溝，一開始，土質鬆軟。第一次有水流過之後，土壤變濕。第二次流過的水，塑造出溝槽的形狀。第三次，水固定了溝槽的形狀。在那之後，你的水渠就像用水泥打造的一般，水認定這條渠道，盲目地順著渠道流去。

人腦有無數神經元。每次我們冒出一個念頭或做出一個動作，神經元就彼此相連，形成一條路徑，每一個神經元都能和成千上萬的神經元相連。但實際發生的情況是，每個神經元通常只是一遍遍和相同的神經元相連，這就叫做常規。

我們走一樣的路線去上班，我們每天早上同一時間醒來，我們看一樣的節目，我們抱著一樣的想法，我們和一樣的人往來，我們以相同的姿勢做愛，我們到同一個地方度假。一切都是例行公事，這不叫人生。

人腦當中的神經元就像水渠，水將它們固定住了。然而，想像力需要自由馳騁，它需要創造、挑戰、另闢蹊徑，需要掙脫鎖鏈，但我們放不開它。

我每天晨跑，邊跑邊聽有聲書，每星期聽完一本。有一天，我決定改聽我女兒最愛的音樂。一開始，我覺得有點罪惡感，但後來我就陶醉在音樂中了。我帶著不同的精神、心情和心態回家，像是一個改頭換面的人，我把水泥打破了。

無論你的水泥是好是壞都沒差。如果你愛跑步，那就休息。如果你愛讀書，那就坐著發呆一下。如果你習慣騎腳踏車，那就改成開車。如果你愛吃義大利麵，那就換換口味改成吃飯。

剝奪自己的喜好，一次也行。

這不是自討苦吃，而是一種鍛鍊。

那天，我和一位朋友分享一個好主意。他哀嚎道：「哎呀，為什麼我沒想到呢？」

或許是因為水渠的緣故……

一瓶水多少錢？

十幾塊？等等。在超市可能更便宜，但如果你人在沙漠快渴死了呢？這樣的話，你就願意花一大筆錢。

從美麗的希臘小島錫米島回家途中，我們要先搭渡輪到比較大的羅德島，再從那裡搭飛機，渡輪航程約一個半小時。

我們到甲板上。乍看之下，全部的長椅都有人坐了。但靠近一點仔細看，我們發現有一張長椅上只坐了一個年輕人，便問他：「我們可以坐這裡嗎？」他點點頭，並將身旁的背包拿起來，即使我們是要坐在他對面。

我們互相有點尷尬地笑了笑，但之後就沒再看彼此一眼。我從眼角注意到他身旁還有另一個包包。過了一會兒，那個包包的主人來了——是他的女友。她也對我們禮貌地笑了笑，我們回以一笑，沒有交談。

不久後，我們起身到船尾去向美麗的小島道別，並示意請這對男女幫我們看包包。他們笑著點點頭，還是沒有說一句話。

渡輪啟航了，我們回到座位上，默劇繼續演下去。

我起身去買水喝。服務生問我要幾瓶，我只要一瓶，卻說了兩瓶。本來沒打算幫那對男女買水，只是臨時想到而已，我喜歡分享。

回到座位後，我將其中一瓶冰涼的水放在那對年輕男女面前，他們又驚又喜。女孩向我道謝，突然間，我們就打開了話匣子，聊起錫米島、我們的假期，還有其他許多事情，大家都很開心。

我們沒有變成最好的朋友，也沒有交換聯絡方式。我們沒有跟彼此說自己的人生故事，畢竟沒這個必要。但我們搭起了友誼的橋梁，感覺很好、很有人情味，大家笑成一片，很美好的經驗。船到岸時，我們用親切的言語和手勢衷心道再見。

只要付出一點點，就能讓人很快樂。

那瓶水花了我多少錢？十幾塊。

那瓶水的價值呢？無價……

少一點，好一點

每次寫東西，我都會一遍遍重讀，直到刪去每一個贅字為止，就算只是去掉一個逗號也值得。想要飛得高就得擺脫累贅，以前我會用長篇大論來唬人，以為我說得越多，內容就越有分量。

「滿瓶水不會響，半瓶水響叮噹。」這對我來說是當頭棒喝的領悟。最偉大的演說家說起話來都是簡單扼要，他們直接切入重點，不會繞來繞去。簡潔乃妙語之源。

史上最偉大的老師只對他的學生說了句「以我為師」，他不必再多說什麼。以前，我的衣櫥塞得滿滿。說不上來為什麼，我就是沒辦法斷捨離。有一天，我決定擺脫成堆的衣物，原則是舉凡一年沒穿的就捨棄。我的衣櫥清空了，房子可以呼吸了，我的眼睛舒服了，心裡舒暢了。

二〇〇一年，賈伯斯請他在蘋果的團隊設計第一支 iPod。他希望使用者只要按兩下就能放他們想聽的歌曲。設計團隊堅持只能做到按三下，賈伯斯給他們更多時間，甘冒產品延遲上市的風險。最後，他們成功做到只按兩下就能放音樂的功能。少按一下，一切就不同了。少按一下，為蘋果公司帶來莫大的成功。

幾年前，我在我最愛的書店裡，找我想看的書。有一本書吸引了我的目光。只看書名，我就決定把它買回家，它的書名叫作《少一點，好一點》。

這句話就道盡了一切。

警訊

我們很趕。前往遊樂園的途中，我們總是很趕，女孩們和我都不想少玩一分鐘。她們在後座嬉笑打鬧，我開得很快，但還是很小心。突然間，儀表板上小小的紅色警示燈亮了起來——跟胎壓之類的問題有關，我從來不曾見它亮過。我不想管它，但它就在我的眼角閃啊閃。於是我天人交戰起來：「明天再弄。」「不行，今天就去。」「明天啦。」「說不定很嚴重，加油站就在那裡而已。」車子像是自動駕駛般滑進了加油站。

加油站的人幫了很大的忙，我給他看警示燈。他說：「我們會把它修好，你的輪胎需要多少氣壓？」

「我不知道欸，你查得出來嗎？」他查出來了，結果是胎壓過高。出問題的是我上星期裝上車的備胎，他小心翼翼地放掉足量的空氣，我給他一筆豐厚的小費。以前我給小費可是給得很吝嗇，現在不一樣了，別的不說，給人豐厚的小費首先就讓我很快樂，他對著我笑開了嘴，我們都笑咪咪地重新上路了。

我們或許比預定時間晚了五分鐘到遊樂園，但我玩得更盡興了，因為我知道自己做了該做的事。人常常不去做該做的事，反倒便宜行事。

我們不愛敦促自己。

這就是為什麼我們過不了自己想過的生活。

我們無視那些警訊，即使那顆小小的紅燈一直亮下去。「何必費事呢？」這句臺詞一點一滴侵蝕掉你的生活。先是「何必費事去修那個輪胎」，再來就是「何必從沙發上爬起來」「何必做健康檢查」「何必上健身房」「何必看書」……於是，電視一直開著，你繼續窩在沙發上，懶得理會心裡天人交戰的對話，年復一年就這樣過去。最後，你看了看鏡中的自己，忍不住自責起來，因為你讓這些年白白溜走了。

剛開始是一顆小小的紅燈。

接下來變成一大塊閃爍的霓虹招牌。

再接著這塊招牌就當頭砸下。

我的人生到哪去了？你問。

誰把它偷走了？

我的老闆？

我的伴侶？

好好看看鏡子裡。
是你自己偷走的。
現在，是時候還回去了。
是時候注意警訊並做點什麼了。
過得太舒服是磨人的慢性自殺。

不關你的事

有鑒於我們的生活方式，有時我不禁質疑人類怎麼有辦法活那麼久。老天爺沒要我們的命，但我們一直在自殺，而且是很有效的自殺。

一天早上，我到我最愛的海灘去，那裡就在我位於雅典的家附近。我站上碼頭，匆匆跟其他游泳同好道過早安，準備跳下水去。這時，我注意到一段有趣的對話。

兩位七十歲左右、瘦骨嶙峋的白髮老太太喋喋不休地抱怨著，就像《大青蛙劇場》中的那兩個老頭（注：指知名布偶節目 The Muppet Show 中的 Statler 和 Waldorf，兩人以壞脾氣、愛抱怨的糟老頭形象深植人心）。我悄悄靠近偷聽，我可不想錯過這種機會。

「等他一上岸，我就跟他講。」

「不能這樣下去，他昨天也是這樣。」

「看看她（他的太太），她甚至都沒注意到，她根本不在乎。」

「他要是溺水都是她的錯。」

「就是說嘛！」

「他還以為他有什麼超能力。」
「等他一上岸，我就要跟他說。」
「妳務必跟他說。」
「來了，他上岸了。」
在那裡游泳的人我都認識，也很清楚她們在嚼誰的舌根。那人從水裡出來。他的身體硬朗、性格開朗，是個很討人喜歡的人，七十多歲，但絕對可以冒充六十歲。脫下蛙鏡時，他感覺到那對老太太埋伏在那裡等他。
「妳們好嗎？」他笑咪咪地問道。
「我們好極了，喬治，但你要是再那樣下去，恐怕就不好了。」其中一位老太太一手插腰，一手豎起一根手指，對他搖了搖手指。
接下來的談話內容，我記不清楚細節了，但大意是：「你脫下蛙鏡游得太遠了，你這個年紀可不能這樣。你不是小孩子了，喬治。萬一出事怎麼辦？要是不舒服或抽筋了呢？到時怎麼辦，蛤？」
她們越說越激動，喬治只是乾笑，我則躍入水中。
不容否認，這有點過分了，但我們老是這麼做。我們多管別人的閒事，對別人比手畫腳，彷彿人家有問我們意見似的，要別人都跟我們一樣，我們浪費精力、損害健康去摻和別人的事，彷彿自己的問題還不夠忙，非得跑去插手別人的事！

管好自己的事，讓別人去管好他們的事。

當你跑去管別人的事，那誰來管你的事呢？

沒人，就是沒人。

小時候有一件事，我都不知該哭還是該笑。事關我的兩個朋友——小喬治和小尼克，小尼克的家教甚嚴。

我們在海邊玩，小喬治從水裡出來。為了好玩，他笨手笨腳地放了一隻海膽到他媽媽大腿上。海膽的刺刺到她，她痛得哇哇大叫，罵了小喬治一頓，但很快就原諒他了。

小尼克問小喬治的媽媽：「妳不打他屁股嗎？」

「不，小尼克，他不是故意的。」

「我可以幫妳打他屁股嗎？」

夠雞婆的吧？

然而，我們專做這種事。

看見美

我有個親愛的表弟，他是個很有理想的顧家好男人，工作表現出色，很難從他身上挑出毛病來，但我挑出來了。

那是四月一個美麗的春日，太陽大放光芒，但天氣不會太熱，表弟跟我和兩位朋友在雅典市郊的海邊。有些人在散步，有些人在慢跑，有些人在遛狗，有些人在游泳，還有些人在打美式壁球。這是對生命的喝采，放眼望去一片和諧，完美得難以置信，這景象像是袖珍屋中的微縮模型。嗯，在這一天，這裡的一切真的是十全十美。

我們在那裡待了兩小時，玩得很愉快——至少其中三人很愉快，有一個人則不然。猜猜這個人是誰？我們三人注視著藍色的大海和周遭美景，我的表弟卻不是。我們往前看，他卻回頭看那些在鋪野餐墊的人。我們專心欣賞著海浪，他卻分心去看美乃滋，整個人心不在焉的，而他越分心就越煩躁。

焦點不是為你注入生命，就是偷走你的生命，端看你把焦點放在哪裡。

成功是擁有你所渴望的。

快樂則是看見你所擁有的。

多數人都不懂第二個部分。

我們之所以不懂，是因為我們把焦點放錯地方了。我們看不見有手有腳是多麼幸運，發得出聲音、聽得見聲音是多麼幸運，生活在民主國家、愛說什麼就說什麼是多麼幸運。

天底下沒有客觀的現實，只有主觀的現實，每個人看到的都是自己眼中的現實。以前的人在暗房中洗底片，焦點就是在哪裡形成的。你在那裡讓色彩濃一點或淡一點，讓畫面亮一點或暗一點，讓影像清晰一點或模糊一點。是它決定了你的快樂，是它決定了你的人生。

從前有兩個賣鞋的窮人，他們來到一個人人都打赤腳的國家。其中一人離開了，他說：「這裡的人不買鞋。」另一個人留了下來，他說：「這裡就是我發財的地方。」

他也真的在那裡發財了。

十五小時的韋里亞之旅

她名叫艾琳，是一位語言老師，也是一個清楚自己的想法、勇於爭取想要的一切、把生活過得很充實的人。另外還有兩大要素構成了艾琳獨特的人格，那就是機智和善良。

她跟我聯絡上，並邀請我到希臘北部的韋里亞，跟當地一所小學的老師和家長聊我設計的新課程。課程宗旨是要教小孩和成人新的人生觀，而我的夢想是全希臘所有學校都能開這門課。

踏上學校操場的那一刻，我就深受震撼。這所小學把我帶回一九七〇年代我在雅典就讀的小學：牆上的世界地圖、藍白相配的制服、靠牆排列的洗手臺、在走廊上玩鬼抓人的小朋友。感覺就像上輩子的事，只不過這是今時今日。唯一的差別是笑咪咪的校長賴菲提瑞斯，我總希望自己也有這樣一位慈祥的校長。

那天晚上，約有五十位師長來聽我報告。他們有一百個理由待在家裡陪孩子，享受家庭時光，好好放鬆一下。但他們卻選擇來學習從不同的角度看人生，只為給學生和孩子一個更好的明天。

兩個小時的時間，我們打成一片，敞開心扉暢談。他們熱烈參與、踴躍發問、表示反對、深受啟發。最後，他們臉上帶著笑容離開，腦袋裡玩味著一個問題：「這份神奇的人生真有可能存在嗎？」

後來，他們堅持帶我去吃晚餐，不花學校的錢，要自掏腰包。我百般推辭，但他們很堅持。過去幾年來，這些人的薪資可是被砍了又砍，但他們還是保持高貴的情操。

第二天早上，我很早就必須離開，但我成功擠出一點時間，參觀了韋里亞中央公立圖書館。我十分以這座圖書館為豪，它是全世界少數贏得比爾及梅琳達．蓋茲基金會學習管道獎的圖書館之一。它是全市的喜悅與驕傲，有六成市民皆為註冊會員。除了書籍和影音光碟，它也有腦力激盪室、３Ｄ印表機和一間錄音室，並舉辦工作坊、座談會、戲劇表演及其他活動，我看了興奮不已。

開車回雅典途中，我不斷回想起前一天見到的教育工作者，以及他們對實現理想的熱忱。

昨天，我為他們付出了一小部分的人生，他們也為我付出了一小部分的人生，直到我們同心一意達成共識。最重要的不是我試圖教給他們的一課，而是他們教給我的一課。

我以生活在這個美好的國家為豪。

我以身為希臘人為豪。

水電工

他是一位朋友推薦給我的。我很信任這位朋友的評價，事實證明，他向我推薦過的人都是一流的。水電工名叫亞尼斯，他也是一流的。他一踏進我家，我就看出來了。說他是科學家也不為過，在他的專業領域，他確實有科學家的精神。

迅速、精確、俐落。我忙我的，他忙他的。他是那種一件事不用跟他交代第二遍的人。忙著忙著，他問我：「這個小地方得弄好才行，要我修一下嗎？」

我只顧埋首工作，隨口一答：「當然，修吧，亞尼斯。」

他又說：「可是，為了把它修好，我得先破壞它才行。」

「亞尼斯，你說什麼？」我如夢初醒地問道。

「**為了把它修好，我得先破壞它才行**，史戴凡諾斯，沒別的辦法。」

這下我不禁思忖起來：「為了修好一件東西，你得先破壞它才行。」

我的女兒玩樂高就是這樣玩的。她們蓋城堡、房屋和學校，對成品愛不釋手，不想失去自己的心血。但剩餘的積木不夠蓋新的東西了，哀嚎了一陣過後，她們明白不得不把舊的成品拆掉，去蓋新的東西。

在人生中，我也看到一樣的道理。結束是為了新的開始，死去是為了重生。感情如此，友誼如此，事業、建築、喜怒哀樂……一切皆然。

我們常對舊的戀戀不捨。然而，舊的不去，新的不來。空間不夠，不捨棄舊衣就沒有空間容納新衣。夏不去，秋不來，不消除成見就容納不了新的思維，但我們不喜歡改變。我們不想丟掉那些襯衫，不捨夏日離開，不想拋開既定的想法。於是，孩子十八歲了，還把他們當成小孩。伴侶移情別戀了，我們還不肯放手。嘴巴上說今年是二〇一九年，但卻硬要把時間當成二〇〇九年——那時的一切多好啊！我們寧可拖著錨在河床上蹣跚前行，也不願把錨拉起來，難怪我們總是卡住。

當你不願接受現實，猜猜看誰會贏。

如果開車時老是盯著後照鏡，不看前方的路，猜猜看會出什麼事。從出生的那一刻起，便只一件事是確定的，那就是你總有一天會死。而最畏懼死亡的人，莫過於不曾活過的人了。

所以，開始活吧！

不是從明天，而是從今天開始。

高斯塔斯

我人在銀行。填完表格後，殷勤的行員陪我到出納櫃檯。櫃檯前排了兩排，她帶我到其中一排，說：「排這一排，等高斯塔斯為您服務。」我邊等邊觀察兩位出納員——高斯塔斯和另一位女士，我很快就明白行員為什麼要我等高斯塔斯。

他是三十幾歲的年輕人，穿著一件畢挺的紫色襯衫，頭髮梳得整整齊齊，眼鏡襯得眼睛炯炯有神。他在椅子上坐得直挺挺的，以笑容迎接每一位顧客。雖然他動作很快、做事很有效率，但不忘親切地問候每一位顧客。那態度就彷彿在說：「一切都沒問題的。現在，告訴我你需要什麼。」我繼續觀察他。接下來輪到一位帶著六歲稚子的女士，我等著看他會不會跟那孩子說話。他像是感應到我的心思一般，和那孩子四目交會說：「小朋友，你好嗎？」那孩子露出燦爛的笑容，驕傲地抬頭看他媽媽，你會以為他瞬間長高了三公分。

另一位女出納員跟高斯塔斯年齡相仿，但看起來老氣橫秋的。圓圓的眼鏡有點過時，上衣有點皺，背有點駝，臉上眉頭深鎖。看著他倆並排而坐，我不禁想起笑臉先生和臭臉小姐的故事。我常讀這個故事給兩個女兒聽。她的工作也做得很好，但……該怎麼說呢？高斯塔斯就像一塊磁鐵，你會被他吸過去。

輪到我了。我把文件交給他，說明了一下我的需求，他一聽就懂。不出兩分鐘，他就給我一張表格，讓我簽上大名。「這樣就好了嗎？」我問他。

「沒那麼快！」他笑答。接下來兩分鐘，他把剩餘的表格都給我簽名。「現在大功告成了。」他滿臉笑容地說，說完就接著迎接下一位排隊的顧客。

高斯塔斯和另一位出納員領的是一樣的薪水，他們為同一家銀行、同一位老闆做事，他們生活在同一個國家，但高斯塔斯找到了每天早上笑著醒來、晚上笑著入睡的理由。

和高斯塔斯這樣的人共事就是愉快。

當一個像高斯塔斯這樣的人甚至更愉快。

沒有過不去的事

星期二早晨是一個儀式。朋友米哈利斯和我固定在六點四十五分碰頭，就在天將破曉之前。依慣例閒聊五分鐘後，我們就開始跑步，總共跑三十五分鐘，一分不差。我們的舌頭也順便運動一下，因為從頭到尾我們都聊個不停。開跑五分鐘，我們就聊得很深入了。我們為每一次勝利高興，因為現在我們知道：「做好一件小事，就是完成一件大事。」米哈利斯是個好人，他是出類拔萃的職人，也是愛家的好男人，如果你硬要我說個缺點，我會說他對自己太嚴格了點。

我們的晨跑總以躍入大海作結，但今天米哈利斯要趕時間，所以我自己去游泳。

我游到老地方，看看四周，欣賞風景。從遠處望向岸邊成排的大樓，過去十年來，這副景象絲毫未變。即使看過無數次，還是看不膩。冬天看，夏天看，有時看它在雨中，有時甚至看它覆蓋了白雪。

十年前，我的公司蒸蒸日上，我游泳慶祝。五年前，公司陷入困難，我游泳沉澱思緒。兩年前，天際線還是一樣，只不過少了一件東西：我的公司。一切感覺就像昨天的事。

時光飛逝。

「現在」常感覺像是一片汪洋大海。

憂慮就像海嘯般將你淹沒。

你以為沒有出路。然而，一、兩年後，你會笑看發生的一切，即使在當時看來是那麼困難。事出皆有因，總有什麼可學習。

從前從前，有個國王請智者賜他最有智慧的一句話。國王承諾智者：「我願用半個王國跟你交換這句話。」

智者拒絕了，但他送給國王一枚戒指。

「國王陛下，每天早上，請拿出戒指，讀一讀上面刻的文字，再把它收回去。」

國王答應了。第二天一早，他等不及拿出戒指來，看戒指上刻了什麼：

「沒有過不去的事。」

永遠別當蜜蜂

十五年了，我不曾忘記這個故事。當初，我是在一場身心靈工作坊上聽到的。講者深呼吸一口氣，臉上表情一變，彷彿他要分享一個天大的祕密。接下來，他分享了一個有關人生意義的祕密。這個祕密也將成為你我的祕密，而我們也要把它分享出去。

他說：「把一個空瓶子靠窗而放，瓶底對著窗玻璃。陽光穿過窗戶照進來，放一隻蜜蜂到瓶子裡，話說蜜蜂可是很『聰明』的昆蟲。」他特別強調「聰明」一詞。「蜜蜂做什麼事都有一套規則。說來不幸，牠們的規則很死板。蜜蜂的規則就是朝著光源飛去，有光的地方就是出口——沒有『萬一』，也沒有『可是』。所以，牠一直朝瓶底飛去，自然也就一直飛不出去。過一段時間，牠就會死在瓶子裡。」

「現在，改放一隻蒼蠅到瓶子裡。」講者繼續說：「蒼蠅是很笨的昆蟲。蒼蠅不照規矩來。牠知道自己的無知，所以牠找了又找，想找出答案來。蒼蠅飛來飛去，忽上忽下，左試右試。最後，牠會找到瓶口飛出去，牠會活下來。」講者告訴我們：「永遠別當一隻蜜蜂，而且要避開蜜蜂。永遠都要當一隻蒼蠅，知道自己的無知，努力尋找答案。」

我看到很多人都把自己關在箱子裡——就像那些老舊、沉重的鐵製保險箱。他們想了一組密碼，把自己鎖在裡面。久而久之，他們甚至不記得密碼是什麼了。接下來，他們忘記自己被鎖在箱子裡，因為這箱子已然變成他們的全世界。你跟他們說話，他們不聽。你指出出口在哪裡，但他們看不見，他們變成蜜蜂了。

無知不是問題。

以為自己知道才是問題。

越是認為自己很懂，就是把自己鎖得越牢。

你已經從學校畢業了，但學無止境。活到老，學到老。讓知識進來，讓自己沐浴在知識的光與熱之下，就像沐浴在朝陽下，沐浴在人生之中。莫讓光陰白白溜走，從每一天當中學習。別問你需要賺多少錢，問問你需要學些什麼。這才是你該過的人生。

蘇格拉底說：「我知道我什麼都不知道。」

蒼蠅是史上最偉大的思想家之一。

遊民

第一次看到他朝我的車走來，我避開了他的目光。當他明白從我這裡得不到什麼之後，他就去後面找別輛車碰運氣了。我從後照鏡偷看別輛車會不會給他東西，接著，紅綠燈就轉綠了。

第二次見到他，我看得更仔細了點。嘻哈風格的毛線帽（你想像不到七十歲的老人家會戴這種帽子）、花白的鬍子、明亮的眼眸和缺了的門牙，令我心疼起他來。我們四目交會，他不期待從我這裡得到什麼，於是逕自走開了，我感覺他記得我。

第三次相遇，我比前兩次幸運了點，旁邊的副駕駛座上放著前一晚的半塊披薩，我帶著這塊披薩就是為了在這時派上用場。我一打開車窗，老人家像是立刻聞到了披薩的香味。我把蓋好的披薩盒遞給他，就這樣，他的臉龐瞬間亮了起來，從左耳到右耳笑開了嘴，整個人容光煥發，彷彿時光機把他帶回三十年前，連同我也一起帶過去了。在電影裡，發生了神奇的事情時，你會看到一道光芒掠過的特效。那一刻就散發著這種光輝，只不過這不是電影特效，而是真實的，我整個人都沐浴在光輝之中。

下次再碰到他，我感覺他對我沒有期待。這樣很好，我喜歡。他只是遠遠地朝我笑了笑——和顏悅色、平起平坐的一笑。這時，我想起自己帶了香蕉。我朝他點點頭，他快步跑來。我給他一根香蕉，他又咧開了嘴，露出那副熟悉的笑容，彷彿在謝謝我照顧他的飲食健康。

現在，我們成了好拍檔。當我在這一帶附近等紅綠燈時，我就搜尋一下他的身影。當我隨身帶了點食物時，我就送給他。當我身上有一點零錢，我也把零錢給他。他認得我的車，當我靠近那個十字路口時，他就搜尋我的身影——不是執意鎖定我，而是很有分寸地投來目光，他知道怎麼拿捏。那是一段美好的緣分，一方不依賴另一方，一方尊重另一方的界線。

不知從何時起，我就學會珍惜我和陌生人的關係，這些人在我的人生中或許只出現那麼一次——路人、停車場收費員、藥局收銀員。一抹微笑、一句謝謝、一聲早安、一個點頭都令我滿心歡喜，彷彿整個人重新充飽了電，就像自行車上裝的那種發電花鼓。

常言道付出什麼就得到什麼。的確，就好像你在紙上畫什麼，那張紙的背面就透出一模一樣的圖案。但你必須是因為樂於付出才付出，而不是因為你算計好要得到什麼回報，否則你所畫的圖案就永遠不會映現。

從大處看，一切都是一張完美的資產負債表。

資產和負債總是兩相平衡。

就像我們在大學時學過的T字帳，資產和負債相等，唯一的差別在於你永遠不知道會計年度何時結束，而且無論如何，你也不該在乎。當老天爺覺得是時候了，祂自會把你帳目平衡過來。

如果你的資產和負債不平衡也別抱怨，就在借方那一邊多加一點，但別為了平衡帳目這麼做。你得真心想要這麼做，而且不期待任何回報。你會得到回報的，但不要為了得到回報去付出，否則就壞了這道公式了。

回報總在你最意想不到的時候、從你最意想不到的地方出現，但你總會得到它的。

無庸置疑，這是我的經驗之談。

為什麼？

事情發生在一個星期一的早上。快要八點之前，我站在銀行外面的隊伍中。我前面是一位穿著體面、和藹可親的老太太，她拄著一根枴杖。銀行開門後，我們魚貫而入，老太太排第三位。排在更後面的一位女士有個很好的提議：「排在老太太前面的人應該讓她優先。」老太太謝謝他們，但拒絕接受這份好意。

我告訴那位女士說她的提議很好，並抱歉地說我怎麼沒想到。我說：「妳是對的。」她的回應很尖銳：「我知道我是對的，但誰聽了呢？」她氣呼呼地回到她在隊伍中的位子去，一邊搖頭一邊碎碎唸。如果她是卡通人物，這時她頭上就會有一朵烏雲。她的反應嚇我一跳，但我也不意外，我沒作反應，畢竟她氣的不是我。

辦完事走出銀行時，我注意到周遭的人都悶悶不樂、垂頭喪氣的，彷彿大家都籠罩在同樣的災難之下，看起來像一列悲傷的遊行隊伍。我覺得很震撼，但說也奇怪，我對這幅情景也不意外。

我一個人走了一會兒，腦袋裡冒出一個問題：「為什麼？」一開始只是一個小小的「為什麼」，但它越來越大，直到巨大的「為什麼」開始壓得我喘不過氣。
為什麼我們不說「請」？
為什麼我們不說「謝謝你」？
為什麼我們不笑？
為什麼我們不敢去愛？
為什麼我們甚至不敢表現出來？
為什麼我們不照顧自己？
為什麼我們給寵物吃得比自己還好？
為什麼我們不像保養車子一樣保養自己？
為什麼我們給手機充電，卻不給自己充電？
為什麼我們咒罵自己？
為什麼我們浪費自己的生命，彷彿我們有一百萬年可活似的？我們只有一千個月，換算下來就是這樣。
為什麼我們不把問題對當事人說出來，卻跑去跟不相干的人傾訴，甚至到臉書上散播？
為什麼我們不為別人的喜事高興？

為什麼一切總是別人的問題？

為什麼我們總有難過的事情要哭訴？

有一天，我搭計程車回家。在靠近我家的地方有一個十字路口，但那裡沒有「小心慢行」的標誌。我告訴司機：「小心點，因為有些人會從這裡衝過去。」他埋怨道：「老是有這種橫衝直撞的人。」我跟他道了晚安。

饒了我們吧，老兄。

天堂路七十號

過去這一週，我和兩個女兒在希臘島嶼錫夫諾斯度假。昨天，我們難得適時結束滿滿的行程，便決定到海邊散步，度過美好的夜晚。

真是個神奇的夜晚，那種只有在希臘才能體驗到的夜晚——光滑如鏡的海面上是閃著星斗的天空，海浪輕輕打在岸上，傳來輕柔的旋律。遠處燈光閃爍的小餐館映照在水面上，就像螢火蟲在波浪間飛舞。兩個女兒和我成一列縱隊，彷彿我們是帶來禮物的三賢士。我們沿著潮濕的沙地邊緣走，但海浪碰不到我們的腳。當大一點的波浪打來，我們就很有默契地同時往旁邊一跳，免得被浪打濕。

不一會兒，我的小女兒就開始涉入及踝的海水中，這就是我佩服造物主的地方。每個人的個性是多麼不一樣！我的大女兒循規蹈矩，身上一滴海水也沒沾到。我的小女兒生性不受拘束，往海裡走得越來越深，我們得不斷把她拉回來。

一個孩子走在水裡，一個孩子走在岸上，我們就這樣繼續沿著海邊走，經過四處散置的沙灘大陽傘。有些陽傘比較時髦、比較講究，就像衣香鬢影的都市人在高級餐廳啜飲雞尾酒、品嘗開胃小菜，雙手優雅地插在亞麻料子的口袋裡。有些陽傘比較特立獨行，像是隨性的波希米亞人，不願墨守成規，受不了他們那些裝模作樣的鄰居。然而，不管什麼傘都很好，就像在人生中，只要你內心和諧，一切就都和諧得天衣無縫。

當沙灘上再也看不到陽傘，兩個小傢伙覺得累了，呻吟和哀嚎便也開始了。但這時才是魔法降臨的時刻——更少的燈光，更多的星星，沙灘後方只有幾座成排的可愛小木屋。最小的一座也最古錐，上頭掛了一塊發光的招牌。我們靠近一看：「七十號」。它有個號碼，就彷彿這房子位在繁忙的市區馬路上。我們不懂它為什麼有個號碼，但說不上來為什麼，它一點兒也不突兀，就像從一首浪漫老歌裡走出來的，或像電影裡正是為了這個目的刻意搭的場景。三個女人坐在前廊，靜靜望著海灘，享受這個夜晚。我衡量了一下該不該打擾她們，但最後我實在忍不住說：「妳們有這世上最美的家！」她們微微一笑。

我們繼續散步，一對年輕男女泡在海裡，幾個孩子在岸上追逐嬉戲。再往前走一點，三五成群的遊客在沙灘盡頭最後一間小餐館享用晚餐，每個人都輕聲細語，配合夜晚的寧靜，每個人都和這片獨特的景色融為一體。

我們繼續散步，邊走邊在滿天星斗下說著故事。我想起小時候聽的故事，那些故事帶我到神奇的國度。有時候，兩個女兒屏氣凝神、豎耳傾聽，深怕錯過一個字，而大海醉人的氣息和海浪輕柔的拍岸聲伴著我們。

往回走的路上，我們停在時髦的陽傘前，點了女孩們最愛的無酒精雞尾酒，我也點了一杯飲料。我們三人擠在兩張沙灘椅上，一邊繼續把故事說下去，一邊分享著藏在心裡的計畫和夢想。那是一個你希望永遠不會結束的夜晚，一個你永遠不會忘記的夜晚，一個人生就到此為止也沒關係的夜晚，不誇張。

最後，我們筋疲力竭但心滿意足地回到飯店房間，讀了國王和巫師的故事。讀著讀著，我們幾乎同時一起睡著。

那是一個如在夢中的夜晚，一個置身天堂的夜晚。

彷彿那座小木屋對我們施了魔法。

天堂路七十號小木屋。

關掉電視

我向來很幸運。二〇〇一年，我搬到雅典郊區的沃里哥美尼，住在一棟安靜宜人、俯瞰大海的公寓，一個正適合充電和尋找靈感的好地方。

我的有線電視租約到期，是時候續約了。心裡卻有一道聲音叫我不要續約，我聽到了。人生中第一次，我一個人，沒有電視，沒有那個製造干擾、不請自來的永久室友。

人生中第一次，我擺脫了遙控器。它本來是每天一早第一個拿起來的東西，也是每天晚上最後一件放下的東西。我的腦袋安靜下來，找到了自己一直在找的解答，所有答案都在心裡，解決問題的答案一直都在敲我的門，但在電視噪音的干擾下，要如何聽得到？

打從小學畢業以來，我第一次記起「有空」是什麼意思。你總聽到有人抱怨說他們沒空，這不是真的。你有空，只是你把空閒的時間丟掉了。

現在回到家後，沒有電視可看，我出門散步、聯絡老朋友、坐著沉澱思緒，無論是否把想法寫下來，我再次成為自己人生的主角。

一般人平均每天看電視四小時，然而最糟的是，大家還以為那是免費的。沒完沒了地看電視讓你付出昂貴的代價，你的夢想、計畫、靈感、人生就是代價。有一天，你醒來發現自己已經七老八十了，不明白時間都到哪兒去了，渾然不覺是自己把它送走了。現在，你想找它卻來不及了。

不再看電視之後，我賺到一萬多小時。換算成日數的話，我賺到一千五百多個日子，那是足足六年的時光——六年的黃金歲月。

如果我的建議對你來講太極端了，那你就限制看電視的時數。每天少看電視一小時，一年就多得三百六十五小時，那可是足足九週的工作日。一年有十二個月，那你就有十四個月，多出來的兩個月是送給你夢想的禮物。

我還記得希臘剛有彩色電視的時候，差不多就在那時，我偶然經過一幅塗鴉，塗鴉上的一句話令我永生難忘。

「彩色電視，黑白人生。」

寫下這句話的人真的是先知……

你是誰？

這個感人的真實故事發生在一八七〇年的田納西州，阿班從未見過他的父親，在當時外遇生子被視為天大的罪過，非婚生子女就要揹上私生子的汙名。社會很殘酷，打從阿班三歲起，旁人問他爸爸是誰，阿班只能羞愧地低下頭。其他小朋友都不跟他玩，媽媽們會叫自己的孩子遠離他，彷彿他有痲瘋病。阿班年紀越大，處境就越惡劣，學校猶如人間地獄。下課時間，他一個人玩；午餐時間，他一個人吃飯。週末甚至更糟，他和媽媽一起上超市，大人小孩都問他一樣的問題：「所以，你爸爸是誰？」阿班的頭垂得更低了。

做禮拜時，他總是最後一個進教堂、第一個離開，好避開那些尷尬的問題。他覺得自己什麼也不是，有時，他但願自己沒被生下來。阿班八歲時，教堂來了一位新的牧師。他是個很有愛心的人，思想開明、為人和善，想法新潮、心胸開闊——真的是上帝的使者。一個星期天，晨間彌撒結束得早了一點，阿班還來不及溜走，牧師就出現在他身邊。他輕輕將手按在這男孩的肩頭，大聲問了一個令阿班和全場信眾訝異的問題：「阿班，我只問這麼一次，你父親是誰？」教堂裡靜得連一根針掉在地上都聽得到。阿班快要哭出來了，牧師突然興奮大喊：

「等等！我知道你父親是誰了！你父親是天父！這就是為什麼你後福無窮、必成大器！你有很棒的家世啊，孩子，去吧，闖出一番事業來！」牧師鼓勵阿班。

男孩笑了，眼淚從他眼角滑下，但這次是喜悅的淚水。有生以來第一次，他不是一個可有可無的人，從此再也沒人問起他的父親，阿班第一次以自己為豪。事實上，他自豪到真的有了一番作為，阿班當了兩任的田納西州州長。身為全美國最成功的州長之一，他將青史留名。

阿班所做的只是改變自己的身分認同而已，他不再是父不詳的私生子，轉眼間，他成了上帝之子。現在，**他成為自己夢想成為的人。只要你願意，轉眼你就能改變自己是誰，瞬間就足夠讓你重生。**

史上有些偉人小時候都是受盡折磨。他們被毒打、被強暴、被酒鬼和妓女養大。然而，有一天，那輝煌的一刻也降臨在他們身上，那屬於他們的一刻，重生的一刻。送舊迎新的一刻。從那一刻起，他們悉心呵護這個新的我，勤奮不懈，終至成為我們都知道的偉人。

那麼你呢？你是誰？你是不是故事中那個可憐的主人翁？那個沒機會念書的小孩？那個有一對爛父母的小孩？那個遭逢經濟大蕭條的倒霉鬼？那個做一行怨一行的人？你會不會是扼殺自己夢想的那個人？實現夢想的那一刻是不是已經來了？你重獲新生的一刻會不會已經到了？

那天，我在跟一個朋友說我的夢想——創辦自我覺醒課程，把課程推廣到全國各級學校。朋友懷疑地看我一眼，說：「老兄，你認為我們能改變世界？」

「是啊，老弟，我們就是要來改變世界！不然誰來？」

奇蹟筆記簿

談起這件事，我沒辦法保持公正客觀。我如何能對救我一命的事情保持公正客觀呢？寫日記讓我的人生脫胎換骨，這十年來，我虔誠地寫了十年的日記，你可以稱它為一份喜悅日誌或感恩清單。

所以，我買了一本好看的筆記本，開始每天在上面寫下美好的事情。一開始寫不出來，打開筆記本跟它面面相覷，感覺陌生得很，就彷彿來到盲目約會的現場，不知道要跟約會對象說什麼。

我漸漸敞開心扉。寫下一輪燦爛的日出、一場愉快的談話，一筆一畫在紙上寫出了東西。

打過網球嗎？寫日記就像打網球，堅持下去，你就會一天比一天打得更好。每天我都多寫一點，慢慢掌握了訣竅，開始體認到人生中有無數美好的事物，以前我從來不曾注意到。它們一直都在！是我缺席了！奇蹟筆記簿成為我的照相機，我總是隨身攜帶，為一刻又一刻拍下快照，然後沖洗出來。但最喜悅的是當我將它們收進「相簿」的時候，一張接一張，在每一天的尾聲，純粹的魔法。

我開始給自己任務。我叫自己寫下二十件值得感激的事情，然後我就寫了二十件：早上起床，我的腳撐起我的身體；淋浴時，我有熱水可以享用；忙完辛苦的一天，有一張溫暖的床鋪在等我。如此這般，我的人生改變了，或者該說是我改變了。

我看見了美。

事實上，這份美令我震撼。

我的生活照常繼續，但**我看待生活的態度變美了，於是我的生活變美了**。

從那之後，我寫滿了數不清的筆記本。我把它們收在書櫃上，不時拿出來重讀。再看一次，我還是覺得一樣美好。

有些人說這叫有意識的喜悅，他們說得對。與其等待快遞按我門鈴送來食物，不如拿出鍋鏟自己煮。在我想吃的時候，用我自己的雙手變出食物。你也可以說這叫自家手作的喜悅，全世界最美味的佳餚。

今早，我在轉角商店停下來買一瓶水。我打開冷藏櫃，一陣涼氣撲來——天氣這麼熱，正想涼快一下呢。我付錢給收銀員，說：「朋友，你們有全世界最消暑的水！」

他笑著回我：「你剛剛給了我美好的一天。」

「你也給了我美好的一天。」
嘿！不如讓我把這件事寫下來……

聖山上的週末

我稱不上是很虔誠的人，但我信神，以我自己的方式。

過去十五年來，每年春天的棕枝主日，我都和一群朋友到希臘北部的阿索斯山（也稱為聖山）靜修。山上有二十間修道院。去那裡靜修既是我們的傳統，也是大家見面的機會，更是逃離庸庸碌碌的人生幾天的辦法。我們一方面向神致上敬意，一方面盡情享受愜意的時光。

參訪修道院前幾天，先透過朝聖者辦公室訂房，抵達阿索斯半島的入口「歐拉努波利斯」時，你可以花點小錢取得參訪許可。接著，一艘非常準時的小渡輪或快艇就會將你載到修道院區。一到那裡，你先到「阿卡多里奇」的接待區簽到，其他修道士會以溫暖的笑容、熱騰騰的咖啡和美味的土耳其軟糖歡迎你。歷經漫長的旅途之後，這些迎賓美食甚至更美味了。

阿索斯山是個很有活力的地方，修道士像嗡嗡飛舞的蜜蜂般忙個不停，他們很少說話、從無怨言。建築物幾乎都是用天然材料打造的，但修道院及其周邊年復一年以令人目眩的速度發展。無論去到哪裡，你都會看到工人和修道士忙著工作、煮飯、打掃、耕地和蓋房子，實在是一幅賞心悅目的景象。

修道士對大自然充滿尊重與崇敬，什麼都不浪費。朝聖者不吃的，修道士把它吃光，修道士不吃的，就餵養牲畜。在每一座修道院，你都會看到平靜生活、和諧共處的貓狗。最後剩下來的廚餘就變成堆肥，能回收的都回收，有些垃圾送進特製的火爐燒掉，所以最後殘餘的垃圾量極少。當然，你在地上看不到一片紙屑。

修道士和朝聖者吃的幾乎都是當地栽種的東西，非買不可才會用買的。修道士以愛和尊敬耕耘這片土地，食物和葡萄酒都好極了。

晚餐時間很神聖。等到所有修道士和朝聖者都入座了，大家才會開動。待所有人坐定，你就會聽到一聲小小的鑼聲，代表開飯了。我們專心吃飯，沒人看電視，沒人玩平板電腦，沒人查看手機簡訊。我們恭恭敬敬地吃飯，懷著對造物主的敬意。鑼聲再次響起，代表用餐結束，我們井然有序地起身離開餐廳。身為眾修道士之首的院長在出口等著祝福我們，院長總是最後一個離開。

齋戒是這裡的日常，不限於大齋期的四十天。齋戒意味著生活簡約、節約用度、尊敬大自然和你的人類同胞，但最重要的是尊敬你自己。

在這裡，不只耶穌受的苦難受到檢視，我們所有人受的苦難也受到檢視。這些苦難象徵我們的罪，但也象徵命運的捉弄、我們的失敗和失誤。人都會犯錯，也都有權犯錯，這些錯誤就是我們的經驗。在阿索斯山上，我們不以犯錯為恥，不把過錯掃到地毯下。相反的，我們拿光去照這些過錯。

這就是為什麼有第二次機會，此所謂「懺悔」。懺悔讓你明白並承認自己做了什麼，坦白自己做了什麼，懺悔首先就讓你對自己誠實。你和智者分享你的祕密，在這裡，智者被稱之為精神領袖，他給你誠摯、珍貴的忠告。

懺悔過後，你又能抬頭挺胸站穩腳跟了，你堅強得猶如重獲新生，從不同的角度看事情，採取更樂觀的眼光。這裡有句話說：

如果你跌倒七次，

那就爬起來八次。

在阿索斯山上，這叫做復活。

一天，我去逛阿索斯山的紀念品店，想買點伴手禮給我的朋友。結果我在收銀機前看到的不是修道士，而是修道院院長。這可是希臘和全世界的政治領袖都跑來參見的人，我禮貌地問他為什麼在這裡顧收銀機。他垂下目光，謙卑得像耶穌本人般說：「孩子，牧師們在修道院忙，我來這裡幫忙。」

在我看來，這個人才是真正的領袖。
萬眾之首。

一根玉米

她名叫索菲雅，是一名幼稚園老師。索菲雅透過臉書找到我，我們相約見面，聊我準備為學齡童開設的自我覺醒課程。她是一位真誠、開朗、高雅的年輕女性，為她的學生盡心盡力。我們對每一件事都有共識，直到聊到這個棘手的話題：人生最終是取決於自己，還是命運？

她告訴我：「史戴凡諾斯，面試時我盡了全力，但那所學校沒有聘用我，我運氣不好。」

「妳真的盡了全力嗎？索菲雅。」

「真的。」

「如果讓妳重來一次，妳還會拿出一模一樣的表現嗎？」

「嗯……或許我會表現出X。」

「很好。」

「或許我也會表現出Y。」

「很好。」

「所以，如果現在再來一次，妳會表現得不一樣囉？」

「或許吧……」

在當下盡你所能，有些事或許不會成功，至少在現在這一刻不成。但如果學會在每一個當下都拿出全力，那麼明天或許就有成果出來了。在現有的時間內盡你所能，這就是為什麼你明天要知道的比今天多。不斷學習，勇於冒險，有了知識與行動，你就是決定自身命運的人。

有三個人分別得到一根玉米。第一個人把玉米吃掉，肚子吃得很飽。第二個人把玉米粒種進土裡，結果長出十根玉米，夠他吃上十天。第三個人也種下玉米粒，也種出十根玉米，但他只吃掉一根。他把其他九根的玉米粒種進土裡，結果長出了九十根玉米。這次他也只吃一根，並給了朋友一根，因為他知道分享的美好。他把剩下八十八根的玉米粒種到土裡，結果長出了八百八十根。如此這般，時至今日，這個人擁有半座村莊，一半的村民都為他工作。

歸根究柢，不是人生對你怎麼樣，而是你拿人生怎麼辦。

更多的知識代表更好的選擇，更好的選擇意味著更好的結果，更好的結果組成更好的人生，而更好的人生就是你想要的。

但為了創造更好的選擇，你得學得更多。一言以蔽之：「活到老，學到老。」不斷學習，學到你入土為安的那一天為止。

瑜伽老師

每星期三是瑜伽時間。我只要有什麼目標就會做計畫，否則我知道目標不會實現。健康問題促使我練起瑜伽，而我這二十年來一直勤練不輟。事情通常是這樣的：**最珍貴的禮物不是包在精美的緞帶盒子裡送來，所以這些珍貴的禮物往往就被當成垃圾。**

瑜伽已存在數千年，它讓你平靜、踏實、振作、放鬆。在這一門獨特的人生哲學中，沒有什麼是偶然的，一切全憑勤練。

我們每一堂課都學到東西。在今天的瑜伽課上，我旁邊的女同學有個姿勢做得不對，我等著看老師作何反應——或不作反應。我猜對了，她選擇不插手，讓同學自己糾正過來，而這位同學自行改正了。到了上課的尾聲，我們談到這件事，大家總是拿諸如此類的事情出來討論，這時才是真正開始上課的時候。老師告訴我們，糾正別人是不可取的行為。她很有智慧地避用「錯誤」一詞，我曾在哪裡聽過「錯誤」一詞本身就是個錯誤。她下結論：「對別人的人生，任何的糾正或插手都是一種暴力——尤其是當對方沒問你的時候。」

我們常插手別人的人生，不管是孩子、伴侶、同事，還是誰的事情，我們都有意見，即使不了解內情，人家沒問我們的意見，我們就給人批評指教。那就像是你經過一家商店，老闆塞了一袋香蕉給你，然後叫你付錢。

說到底，每個人都有自己的任務、價值觀和優先順位，每個人都有自己的人生。

幾年前，我有一次美妙的經驗。有一天晚上，我搭計程車去機場，那時是我人生中比較順遂的一段時日，我很滿足。我在後座做我的呼吸練習，司機很有分寸，並未打擾我。然而，我練著練著，他忍不住說了一句：「老弟，我從後視鏡看到你一直在那邊嘆大氣，天曉得你受了什麼罪，可憐的傢伙……」

我笑了出來，解釋說我只是在做呼吸練習。最後，我倆笑成一團。即使到了今天，回想起這件事，我還是不禁失笑。

司機大哥，無論你人在何方，願你一切都好。

五十歐值多少？

我答應要幫兩個女兒印名片，當時她們分別是九歲和六歲。我心想印名片是個好主意，這樣她們就能發名片給朋友，同時也能學到身分認同和生涯目標是什麼，我們喜歡玩諸如此類的小遊戲。一個女兒要在名片上印「體育老師／運動家」，另一個女兒則要當「體育老師／探險家」。一個女兒要黑色的名片，另一個女兒則要開心果綠——這是她們各自最愛的顏色。

發印後有一天，印刷廠打來說名片印好了，我前去領取。名片做得很完美，正是兩個女孩想像的樣子。

確認過後，我就掏出皮夾要付印製費。印刷廠的人說我已付過一百歐訂金，但我明明記得自己只付了五十歐，五十歐不是個小數目。一開始，我打算什麼也別說，但接著我轉念一想：我在自己身上投資了這麼多，豈可為了五十歐出賣自己？我堅稱道：「我只給了五十歐，不是一百歐。」她查了查紀錄，確認是五十歐沒錯。對於我的誠實，她沒掩飾自己的訝異，她謝謝我。

我有五十歐可揮霍嗎？有，但我不會揮霍或浪費它。我把那五十歐投資在自己身上，存在我個人的小豬撲滿裡。那是你看不見的一個隱形撲滿，所有撲滿中最重要的一個，因為它是你的身分認同，而身分認同是你最珍貴的東西。

所謂身分認同，就是你認為自己是誰。

而**你認為自己是誰，你就會成為什麼樣的人**。

你知道嗎？這就像你的影子，你永遠也超越不了自己的身分認同，而偉大的感覺好極了——無論對你而言的「偉大」是什麼，全世界的金錢都買不了那種感覺。這種感覺會讓你最狂野的夢想成真，它是一輛全程都不停下來的直達車。

離開印刷廠時，我走路都有風。我忠於我自己——那個千金不換的人。

相對於你的自我價值，五十歐值多少呢？

比全世界所有金錢的總和還值得。

好話

我最近剛搬家，舊家的清潔婦沒辦法到新家這裡來，所以我問朋友有沒有推薦人選。

「我介紹我們家的清潔婦給你。」她說：「她真的很棒。」我跟清潔婦通了電話，她表示現在就有空過來。我們見面之後，她就動手打掃起來了。從一開始，我就看得出來她很負責、很仔細。

我得去別的地方，所以就留她在家裡打掃。等到回到家時，她已經離開了。我都沒跟她說東西放在哪裡，她就知道清潔用具在哪、我把床單收在哪等等的。

家裡一塵不染，就像小精靈偷偷來過，用她的魔杖把一切都收拾妥當了，我看得嘆為觀止。以前，事情到此就算結束，我不會再多做什麼。但現在不一樣，因為我懂得分享。

我打電話給她。「喂？范倫蒂娜！」一開始，她沒認出我的聲音。「我是史戴凡諾斯。」

「怎麼了嗎？」她緊張地問我。

「沒事，沒事，一切都很好。」

「那你找我有什麼事嗎？」

「我是專程打來跟妳說妳做得很好，打掃得無懈可擊。」我還補上小精靈的比喻，她愣了幾秒鐘。「你是說……你很滿意？」

「何止滿意，滿意極了！」

她很詫異，或許從來沒人跟她說過這種話，或許她覺得很感動。

「謝謝……」她說：「真的很謝謝你。」

我從電話這頭都感覺得到她在笑，她很高興。我們敲定下週她來打掃的日子。

說好話。

對自己說好話，也對別人說好話。

他們真的需要聽到好話，遠比你以為的更需要。

你讓他們的生活變得更好，你讓這世界變得更好。

慷慨給予讚美，讚美會帶來更多的讚美，喜悅就是要分享出去，悶在心裡也是會悶壞的。

以前有個和我共事的朋友懂一點攝影，我給他看我拍的一張照片。

「哇！史戴凡諾斯，拍得很好欸！」他說。

我聽了驕傲不已，頓時長高了三公分似的。

「構圖很好，但你可以從這裡切掉。」

「謝啦，尼克。」

「臉部改成這樣拍又更好。」

「謝啦，尼克。」

他又給了我更多的批評指教。

「謝啦，尼克。」

他最後再批評了一個地方。

「兄弟，沒開玩笑吧？你把我的照片評得一無是處了！」

我說完就笑了起來，他也跟著哈哈大笑。但我聽了他的話，因為他有說好話。

因為他讓我感覺有人欣賞。

惜財

我向來對錢很在行。五歲時，當船長的父親派我粉刷船上的東西，我就這樣賺到生平第一筆錢，並把那四十元的零錢存到我的小豬撲滿裡，我從來不曾忘記那份憑自己賺到錢的感覺。

長大之後，我也一直看重金錢、愛惜金錢，並以身作則教導兩個女兒。她們一樣是在五歲賺到自己的第一筆錢，放學之後，有時我會帶她們到辦公室，她們會幫忙畫表格、打電腦、列印、送文件，做一些跑腿打雜的事情，這就是她們賺零用錢的辦法。到現在，她們還保留著當初從會計部那裡拿到的第一張五歐元收據，當下她們驕傲極了。

希臘人有很多錯誤的金錢觀，像是錢很髒啦、有錢人很壞啦，諸如此類的。若是抱持這種偏見，你就永遠賺不了錢。姑且把錢比喻成一位朋友好了，你要是說她壞話，她絕不會留在你身邊。

錢是能量，沒有好壞。

你是什麼，錢就是什麼。

我不知從哪裡聽來百分之十的黃金法則——把收入的百分之十用於投資。絕對不要把那百分之十放在口袋裡，你要麼直接存進銀行，要麼拿去投資你選擇的標的。只靠百分之九十的收入過生活就好了，不要百分之百都花掉。你或許會說：「一百塊都不夠我過日子了，只靠九十塊哪夠啊？」即使你賺了兩百塊，你還是會不夠用，若是不投資，你就會全部花個精光。聰明人投資優先、花錢第二。

別怨恨錢，學習金錢的遊戲規則，然後認真玩。跟你的家人玩地產大亨，邀你的孩子一起玩，有錢就有選擇。

每年耶誕假期前，我的女兒都會賣自己做的手工聖誕卡，並把一部分收入捐給慈善機構。朋友們常常批評這件事，說是叫小孩子賺錢不應該，或說這些卡片賣太貴之類的，我只是一笑置之。然而笑完之後，我接著回顧起來，若不是五歲時賺的那四十塊錢，若不是小時候我靠做家事賺的那些零用錢，若不是在這整個過程中我學會理財，我就寫不出今天你在讀的這本書。

如果你對金錢有什麼愚蠢的想法，請在昨天就拋棄它，不要留到今天。

禮物

我有一種朋友是這樣的——因為孩子是朋友的關係，於是父母也成了朋友。這情誼就像一棵樹的子株，子株發芽抽長，你把它移植出去，它也長出了自己的根系，有時它還長成比母株更高大的樹木。於是，你和孩子的朋友的父母現在成了麻吉。

我們有一陣子沒見面了，於是相約讓孩子們一起玩——其實是雙方父母聚一聚的藉口。對方媽媽在電話上聽起來很焦慮，她開始跟我說起工作上的事情。我打斷她，邊跑邊吃是會消化不良的，吃飯就該坐在餐桌前，在桌上擺出上好的骨瓷餐具，好好享用這頓飯，聊天也是同樣的道理。我告訴她：「等我們見面再聊。」

他們在星期天過來。女孩們去房裡玩，我們直接切入正題。我的朋友工作表現出色，我沒看過她工作時的樣子，但我不用看也知道。從一些小地方，你就看得出來一個人怎麼樣——甚至是從他們看你的樣子。

故事說來話長，但長話短說，我的朋友任職於一家大公司，公司很器重她，老闆也很賞識她，但有位中階經理因故介入了他們之間。根據我朋友的說法，這個人很堅持他自己的一套做事方法，實在是個沒什麼彈性的人。他們很快就有了摩擦，基本上他把她當成他的小嘍囉。我朋友向她老闆反映，老闆站在她這邊。他們三人見面談，老闆再次對我朋友表示支持，那位中階經理不得寵。接下來要為一位大客戶做報告，那位中階經理撒手不管，丟下我朋友自己去面對客戶，結果報告進行得很順利。

但我朋友和她老公越講越氣，他們說現在這份工作變得很重，就連每天的例行公事都變得很難做。

但我卻聽出截然不同的重點，於是我笑了出來。

「你們不懂嗎？」我說。

「懂什麼？」她還是氣呼呼地問道。

「欸，這傢伙是在幫妳鋪路啊！依我之見，過不了多久，他就會成為歷史，他的位子就會變成妳的了，就是所謂的升遷。新客戶會要妳主導這個計畫，要是那傢伙不臨陣脫逃，妳會負責做那個報告嗎？」

「不會。」我朋友有點困惑地說。

「妳應該送他花才對。」

她想了一想，接著轉過頭來對我笑開了嘴。「我從沒這樣想過這件事。」

「那如果這件事真的就是這樣呢？」

如果人生不是你想的那樣呢？如果禮物不是包在精美的緞帶盒子裡送來的呢？如果禮物渾身都是刺呢？伸手摘一朵野玫瑰，你可能會被刺到，但那芬芳馥郁的花朵就是你得到的報償。

我們常在人生之流中逆流泅泳，水流把我們往下游推，但我們偏要往上游去。我們筋疲力竭、厭倦不已，最後終於受夠了。諷刺的是，上游沒有你要的東西，你要的都在下游。有時候，你要做的就只是順水而流。

人生不容易，但其實很簡單。

如果你明白順水而流的道理，人生就會變得容易一點。

就這麼簡單。

人生遠足

打從兩個女兒還小的時候，我們就有一些儀式，撼動十噸重的大石都比改變這些儀式還容易。每星期五早上，我會陪她們一起去上學，她們稱之為遠足，而這趟遠足什麼都有：有歡聲笑語，有打打鬧鬧，還有哼哼唱唱，但最重要的是那份出門遠足的興奮。

典型的遠足上學行程是這樣的：我們會在她們最愛的麵包店停下來買麵包，她們會比賽看誰先跑到那裡，每次她們都會發現新東西。

接著，我們會經過教堂，教堂的庭院裡有流浪貓和鴿子，她們分給每隻貓一樣多的麵包屑，確保每隻貓都吃得開心。每次撫摸那些貓咪，她們都會以同一副驚喜的表情回頭看我，像是以前從沒摸過貓似的。接下來，她們會跟鴿子玩，鴿子嘩嘩撲翅，追著撒落的麵包屑飛來飛去。

在那之後，她們就進教堂點一根蠟燭，並像排樂高積木般把所有蠟燭排好。有時，她們把蠟燭湊攏在一起，合成一個大蠟燭。她們總是面露微笑，包括在親吻神像和閉眼禱告的時候，就彷彿笑容被畫在她們臉上，用的還是永不褪色的油彩。

接著她們衝回車上，更多的歡聲笑語，更多的打打鬧鬧，重新回到遠足的模式上。車子一停進學校，她們就想率先跑下車，像玩丟接球一樣把她們的書包丟給我接。不消說，她們也要比賽看誰先跑到教室。

今年夏天，我們去飯店度假，飯店有一座超大的游泳池。泳池裡的淺水處到了某個臨界點就突然變深，於是她們想出了一個遊戲：她們在水淺的這一邊吱吱喳喳聊個不停，聊著聊著就突然滑下陡坡，沉入水裡。她們這樣玩了不下一百次，從不厭倦，樂此不疲。

小孩子不管做什麼都在玩。一切對他們來講都很有趣，他們玩得笑呵呵，他們笑著把事情變好玩，據說孩子平均一天笑三百次，大人則是十五次。

長大不會使人變老，

不笑才會使人變老。

小孩子懂得享受人生，

他們發現了人生的意義。

他們不只是活著而已，

他們每天踏上人生的遠足，

日日都是遠足日。

塑膠瓶

我一定是不知何時把它放在床邊桌上了，「它」是一個裡面剩下一點水的塑膠瓶。不知為何我沒把它丟掉，或許因為我太懶了，又或許沒什麼原因。

一天早上，我決定把它處理掉，一樣也沒什麼原因。我把水倒進花盆裡，把瓶子丟進回收桶。我永遠不會忘記那一天，不誇張，那是我人生最成功的日子之一。無論我想做什麼事，這件事就會實現；無論我的目標是什麼，我都會達成。我向自己傳達了一個很強的訊息，或許是最強的一個自我暗示了：人生取決於我，而不是運氣，小木偶的絲線由我操控，我的人生是我的，不是人生牽著我的鼻子走，而是我去活出自己的人生來。

接下來，我要說的是一個真實的故事。有一位知名演說家對著一千多人演講，中途他揮揮一張百元鈔票問道：「誰想要這一百塊？」許多人都舉起了手。他又問一次：「誰想要這一百塊？」還沒舉手的聽眾紛紛舉起手來。他再問第三次，有個人起身爬上舞臺，從講者手中搶過那張鈔票，這就叫做「行動」。那位演說家問其餘聽眾為什麼沒上臺搶，每個人都有自己的藉口。一位聽眾說他坐太遠了，另一位聽眾說他得請旁邊的人站起來才出得去，還有一位聽眾說她太害羞了。我們都有不採取行動的完美藉口，而你越聰明，你的藉口也就越聰明。

行動是就算很害怕或很厭倦也去做，行動是在必要時跟自己作對，行動是拿出明顯的作為來，不是用說的，而是用做的。坐而言比較容易，行動是閉上嘴巴起而行。行動是早點起床規畫一天，行動是在工作上全力以赴，即使賺得不如你應得的多。

行動是照顧自己，

行動是活出你的人生，

而不是只坐在那裡看著人生溜走。

依你的情況而定，行動可能是去跑那臺荒廢已久、變成用來掛衣服的跑步機，或是去打那通電話、聯絡久未聯絡的朋友，抑或是重拾那件打了一半、丟在衣櫥裡積灰塵的毛衣。

無論是什麼，就從小地方開始，就從你覺得不重要的地方開始。

如果你想改變世界，就從那個塑膠瓶開始。如此一來，你就打贏了一天中的第一場仗。它會讓你引以為豪，並帶領你迎向第二次、第三次的勝利。它會助你明白小事就是大事，不處理小事就永遠成就不了大事。

這個塑膠瓶為你促成更好的一天。

這個塑膠瓶就是你的人生。

新的一週愉快！

星期一早上，我卡在車陣裡，導航顯示會遲到一、兩分鐘。無論我要去哪裡，若是不能早到至少十分鐘，我就會很緊張，所以現在我急壞了。外面又有一堆街頭小販試圖透過車窗賣東西或塞傳單進來，所以我得關上車窗，給自己一點安寧。

這時，她邁著大步朝我走來，像是熱浪中一縷清涼的微風。我很難形容她散發的那種神采，我甚至還沒看到她的臉呢！她靠近後，我看得更清楚了點，她穿著牛仔褲和新漿過的硬挺襯衫，頭髮整齊地綁成馬尾。她長得高高壯壯的，身材結實——你不見得會說她是個美女，至少外貌上不是。但當她穿梭在車陣中發傳單時，臉上掛著一抹富有感染力的笑容。

輪到我了。她彎身將傳單輕輕塞進我的車窗，臉上的笑容甚至更美了——既溫暖又真心，那抹笑容也跟著傳單一起滑進車子裡，但最美的還在後頭，她說了句：「新的一週愉快！」我目瞪口呆地坐在那裡望著她，不是因為她說的話，而是因為她說話的方式。我雖沒有說出口，但心裡想著：「妳已經給了我愉快的一週。」

贏家不是天生的，而是練就出來的。

成功不在於你做什麼，而在於你怎麼做。成功不是目的地，而是你在一路上所做的一切。如果你行駛在公路上，成功就是你通過的每一個隧道。成功在早起的鈴聲中、在你的咖啡和你的笑容之中，不在於「做什麼」，而在於「怎麼做」。

像個贏家般地開車，雙手握穩方向盤，開在你的車道上，變換車道時打方向燈。無論你是醫生、老師或垃圾清運工，決定目的地的人都是你，沒有商量的餘地。人生中的每分每秒，像個贏家般開車，像那位年輕女子。我跟你打賭，她不會在那份工作上待太久，她注定要做更好的事情。

事實上，她已經把事情做得更好了。

人生有規則嗎？

有的，人生有規則。

話說回來，你如果想自欺欺人，那又是另一回事了。

但沒有水就是不能煮義大利麵，無論你試多少遍。

幸福快樂是人類追求的目標，

快樂源自內心。

跟人分享快樂，快樂就會加倍，

為別人的幸福高興也是一種幸福。

照顧自己。

無論你想種出什麼，悉心照料就對了。

無論你不喜歡什麼，修剪掉就對了。

你是園丁。如果有人說你不是，別聽他的話。

只求第一的人註定要吃苦頭。
成功是一回事，快樂是另一回事。
要懂得分享。
就算擁有全世界的皇宮，
若是內在破產，你還是一無所有。

你騙不了自己，
或許騙得了別人。
但在自己面前，你無處可躲。
你和自己一起醒來，也一起上床睡覺。

人間既是地獄也是天堂。
人生什麼都有一點。曾經有個朋友告訴我：「在地獄，他們有一大鍋食物，但湯匙太長了，所以你怎麼也吃不到。在天堂，湯匙也太長了，但他們會用湯匙來餵彼此吃東西。」

避開失敗也就避開了人生。
不摔下來就學不會騎腳踏車。
你犯的錯就是你的經驗。

辛苦是值得的。
苦練幾千小時方成冠軍，
多數人練十小時就放棄了。
別人之所以擁有你想得到的東西，不只是因為他們有人脈。
他們上緊發條，全力以赴，
你也要全力以赴。

沒有運氣這種事。
運氣是你「沒有」為了想要得到的東西去做的事。

運氣是你丟給偶然的事，
運氣只是一個藉口，
忘掉運氣這回事吧。

繼續前進。
宇宙運行不停，不管你樂不樂意。
一輛腳踏車不是前進，就是倒在地上，
沒有靜止的腳踏車。
唯一讓它保持站立的辦法就是用腳架，
而你如果太久沒騎，它就會生鏽。

你的信念就是你的根，
你選擇自己要相信什麼。
無論是信上帝、穆罕默德、佛陀或你自己。
人總要有信念，

否則，隨便一陣風吹來，你就被吹走了。

你的意見不是規則，
你可能以為它是，
這就是問題所在。
要學會變通。

人生是你和自己的關係，
你總是隨身攜帶著自己。
如果你自己不快樂，到哪裡你都不快樂，
就算到了天堂也一樣。

有錢代表有選擇。
如果你是壞人，有了錢你就會做壞事。
如果你是好人，有了錢你就會做好事。

錢不是問題，
沒錢不是問題，
不辨是非好壞才是問題。

人生不欠你什麼。
人生不公平，卻也很公平。
它會給你你應得的，而不是你要的。
它會給你你追求、爭取、征服的，而不是你妄想的。

不冒險就是最大的冒險。
若是不冒險，那你也玩完了。
你雖生猶死，只是你不知道而已。
富蘭克林說過：「有些人二十五歲就死了，只是到七十五歲才埋進土裡。」
這就是他的意思。

你只能決定你自己，
別試圖改變他人，
甚至是你的孩子，
那是一種脅迫。
要改變別人只有一個辦法，
那就是改變你自己。

種什麼因，得什麼果。
如果你不喜歡自己得到的結果，那就改變你種下的東西。
你不能種下番茄籽，卻想得到小黃瓜。

人不是樹，
人會動。
我們在社交媒體上假裝自己在動，但實則不然。
一瞬就足以改變一切，

只要你想改變，
並且採取行動。

人生不是永無止境的，
只有一千個月而已。
別虛度了。

人有兩隻耳朵和一張嘴巴，
這是有原因的。

你的孩子不屬於你，
而屬於他們自己。
早點明白這一點，不只省了你的事，
也省了他們的事。

管好你的憤怒。
你的憤怒只會害死你，不會害死別人。
俗諺有云：
「報復別人之前，先挖好兩個墳墓。」

你不能把喜悅儲藏起來，
它很快就會餿掉，
你得每天常保它的新鮮。
你的故事由你來說，
人生的劇情由你來改寫。
如果你不喜歡自己的人生，那就創造一個新的故事。
你有紙和筆。

你的命運由你決定。
同樣的風吹在每一個人身上，

重要的是你如何架設船帆，
把船帆裝好來。

不開口就得不到，
想要就開口去要，
有怨言就說出來。

走得越遠，知道的越少。
史上最偉大的一位哲學家曾說：
「我知道我什麼都不知道。」
蘇格拉底想必知道點什麼。

活在當下，
只有現在。
昨天和明天都是虛幻的想像。

人生不是一臺影印機。
不要拷貝別人的人生，
要創造你自己的人生。

付出終有回報。
在出乎意料的時候，從意想不到的地方。
人生就像會計恆等式，付出與回報總是相等。

自由與否操之在己，
有些人囚禁在自己的財富裡。
曼德拉身陷囹圄，心卻自由，
你既是獄卒，也是解放囚犯的人。

千里之行，始於足下。

邁出第一步，
不待明天，今天就邁出那一步。
愛就是一切。

五歐元鈔票

星期二和星期四最棒了，因為那是我去接兩個女兒放學的日子。我們會一起做些事，每次都不一樣，有點像生活中的小驚喜。小女兒比姊姊早放學，所以我們一邊坐著等，一邊玩遊戲，和她的朋友們一起猜謎語之類的。

以前我就見過他，他是學校的工友。頭髮灰白，儀容整潔，是個工作認真的老好人。每次我們需要什麼，他都很熱心幫忙。但我不知道他的名字，他也不知道我的名字。

孩子們和我在玩踢球時，他過來問我：「這是你的嗎？」

「什麼？」

「我撿到五歐元，是你掉的嗎？」

「不是。」我一邊機械化地回答，一邊繼續玩球。

「這樣啊，那我就送去老師辦公室囉。」他告訴我。

明白情況過後，我跟女孩們聊這件事。我試圖向她們說明這位工友高尚的情操。他肯定不是什麼有錢人，他有一百個理由把這五歐元收進口袋裡，不會有人知道的，但他卻選擇交去失物招領。

他這麼做是為了自己晚上睡得安穩，良心過得去，白天才能坦蕩蕩直視孩子們的眼睛。

我後來又跑去找他。

「你叫什麼名字？」

「史畢若斯。」他語帶戒備地答道。

「恭喜你，史畢若斯。」

「恭喜什麼？」他困惑不解。

「恭喜你做的事。」

「我做了什麼？」

「交出那五歐元啊。」

「但那不是我的啊。」他還是不了解。

這才是英雄。

英雄把正確的價值觀教給我們和我們的孩子。

磨鋸子

我是小學六年級時認識他的，後來他成為我第一位人生導師。他教的是語言，我去他在比雷埃夫斯港附近的家中拜訪時，看到他家到處都是書，沒有露出一吋的牆壁。那些書就像壁紙一般——很珍貴的壁紙，整棟房子都散發一股萬噸書籍特有的異香。我在一位朋友的辦公室也聞過這種「書香」，那位朋友是作家經紀人，辦公室裡有成千上萬的藏書。打從拜訪那位老師家之後，我就沒聞過這種香味，所以我很感動。

話說，這位語言老師改變了我的一生。他從我六年級到高中畢業為止指導我寫作文，他教我的不是寫作，而是人生。每學期末，他都會推薦一堆好書給我當暑期讀物。那些炎熱的夏日午後，在拉上百葉窗的涼爽房間裡，一縷茉莉花香的陪伴下，我埋首於書堆之中。每天下午，我沉醉在書本的魔法裡，只有朋友吆喝我去打球的聲音能打斷我，但也只是暫時打斷而已，到了第二天下午我又重拾書本。

隨著年歲增長，我繼續遁入書本的神奇世界，書成為我的精神食糧。時至今日，我還是寧可餓肚子，也要餵飽我的靈魂。當然，如今不只有紙本書，還有電子書和有聲書。但不管哪一種形式，書籍總有它的魔力。

每次讀完一本書，

你就跟讀它之前不一樣了。

你變得更成熟、更有智慧、更好。書籍帶你去神遊，拓展你的視野。書籍對你施魔法，書籍教你活到老、學到老。

如果你識字卻不讀書，那還不如當文盲。遺憾的是，多數人都不讀書。不知從何年何月何日起，他們就停止學習、停止進步。

他們庸庸碌碌、汲汲營營、暈頭轉向。你告訴他們：「欸，放鬆點，沉澱一下，換個做法，讀點書，汲取一點新知，試試新事物，往前走一步。」

「沒時間啦。」他們說。沒時間讀書，卻有時間看電視。

從前從前，有個伐木工跟他的朋友。伐木工拚命想砍倒一棵樹，但試來試去就是砍不倒。他的鋸子太鈍了，他還是一個勁兒鋸下去，一連鋸了幾小時。

他的朋友說：「欸，你得磨一下鋸子。」

那位伐木工說：「沒時間啦。」

磨鋸子的時間，總會有的。

傲夫人

幾年前，和朋友約在雅典高級區一間別緻的小餐廳，我一如往常早到十五分鐘，就先坐下來觀察周遭的人。

隔壁桌是一位五十幾歲的女士，看起來就像那種喝高級下午茶的貴婦。英國人有個名詞專指這種高高在上的闊太太，稱之為：「傲夫人」。她從頭到腳都是高檔名牌服飾，整套算下來想必要價不菲。這位太太一副目中無人的樣子，像是只關心自己、自己的房子、自己的車子，嗯，好啦，或許她也關心自己的孩子。

一名高高瘦瘦、八十歲左右的彩券小販走了進來。他駝著背，拄著一根柺杖，靠近傲夫人那桌。我知道他的下場會怎樣，她一定會趕他走，我透過眼角默默觀察。

令我大吃一驚的是，傲夫人一骨碌跳起來迎接他。她不只請他坐下，還幫他拉椅子。小販目瞪口呆，我也張口結舌。他坐了下來，傲夫人倒了杯水給他，老先生喝了口水，並向她道謝。接著，她將菜單遞給他，請他點餐。他又向她道謝，但將菜單還給她，他還是摸不著頭腦。他們說了幾句話，但我聽不到。接著，我看到他開給那位夫人一堆彩券，一張接一張，沒完沒了地開給她，她想必把他一半的彩券都買下來了。

最後他們兩人一同起身，傲夫人陪他走到門邊，小販笑開了嘴，一邊走出去，一邊難以置信地搖著頭。傲夫人甚至比小販還開心，她的臉上寫滿喜悅，她那一身華貴的名牌服飾也寫滿了喜悅。

為了掩飾五味雜陳的情緒，我笑了起來。這下子，我不再暗自批評那位貴氣的傲夫人了，反倒怪自己以貌取人，但我學到寶貴的一課。

不要妄下定論。

多多觀察，**虛心學習**。

瞧，妄下定論和虛心學習不能並存。

就像油和水。

沖馬桶

有一間我已經光顧好幾年的餐廳。始終不確定自己一去再去是因為食物、氣氛，還是因為那裡有助我思考，或許是以上所有原因加在一起。可以確定的是，和陌生人一同用餐，讓我感覺跟他們沒有距離。

我常常獨自前往，招待自己一頓好料。那裡的食物向來美味又平價，我總是當場挑選自己想坐的桌位和想點的菜餚，端看自己的心情和他們有什麼而定。

今天，我決定點綜合蔬菜鑲肉，這道菜跟菲達乳酪是絕配。嘴饞之下，也加點了菲達乳酪。我吃得很慢，每一口都細細品嘗。看看四周，心裡覺得很踏實。我傾聽自己內在的心聲，感覺整個人一片平靜。

用餐完畢，我去上廁所。廁所門沒關，裡面有人。不久後，裡面走出一個留著鬍子的高個子，他有點不好意思地對我笑了笑，我也回他一笑。

我走了進去，他沒沖馬桶。我不喜歡這樣，見到這一幕，我不禁要想：「如果他沖了馬桶，他今天（或甚至他的餘生）會過得怎麼樣。」

人就像是在自動駕駛的模式下過生活，渾然不覺自己的舉動會有什麼後果。然而，你就是你做的決定，即使是最微不足道的決定。

你的人生，是你一個人的時候會怎麼做。

在沒人看得到的時候。

你騙得了別人，但騙不了自己。重要的是捫心自問，問心無愧。重要的不是湖水的表面，而是底下的湖床；石子只會在表面激起小小的漣漪，湖床才是它最終落下的地方。

我們要讓世界成為一個更好的地方，但首先要讓自己成為一個更好的人。瞧，這兩件事是同一回事。

你或許會說：「不沖馬桶，我也活得好好的啊。」對，你說的沒錯。問題是你活得有多好。當然，你一定也到得了某個地方，但那是哪裡呢？如果你只是想過馬路，那就沒問題。但如果你想登上山頂，那你就得多走一步。而為了登上山頂，你要先登上自己內心那座山頭。

我的朋友，為了登上內心的山頭，你得沖馬桶。

生日

猶如活在催眠狀態，我們像機器人般起床、開車、上班，不思考、不感受。睡前，我們聊個幾句、看看電視，或許用一下社群媒體，放鬆一下，接著上床睡覺。然後鬧鐘又響了，一樣的例行公事再來一遍。但也有些特別的日子，我們彷彿重獲新生，整個人都活起來了，例如生日、假日、節日、跨年夜……好啦，還有你支持的球隊贏球的日子。

這時，我們紛紛湧進臉書大街——嗶嗶嗶！臉書塞車了，大家歡欣鼓舞，一張張笑容燦爛的照片，來自親朋好友的祝福與吉祥話……那是值得慶祝的一天，但也只有一天就沒了，好日子像蝴蝶般翩然遠去。

分針走過午夜的那一刻，一切又回到千篇一律的常軌。就像灰姑娘，脫掉玻璃鞋，穿回破衣裳。打開電視新聞，看到的是愁雲慘霧、愁眉苦臉。如果剛好碰上陰天又更糟，畫面就像是送葬隊伍。

學生時期，**我們學到一年有三百六十五天，但沒學到每一天都是一份禮物。每一天都是你的生日。生日在你心裡，不在日曆上。打開每一天的禮物，好好享用每一天。**

人總是來不及了，才明白自己失去什麼——你沒體會過的喜悅、沒跟人分享的愛、沒感受到的感恩、沒看到的美、沒做的好事。

凡此種種一直都在，但是你不在。只有在你的生日和那些「特別的」日子，你才去敲它們的大門，而它們迫不及待打開門來，歡迎你入內。

印度曾有一位英明的王子，他明白每一天都值得慶祝，但他怕自己忘記，所以他要僕人每天提醒他。每天早上起床，他就躺進棺材裡，僕人們在一旁為他誦經。儀式完成之後，他就從棺材裡爬出來，慶祝接下來的一天，他認真去活每一天。

死到臨頭，

你才會知道活著是什麼意思。

開始去認真活每一天，

就像每一天都是你的生日。

上帝之手

我氣壞了。我用力按手機上的按鍵打簡訊，就像在戰場上發射子彈似的，每一個字都是一發子彈。那是一封火氣很大、極盡羞辱之能事的長篇簡訊，語氣十分火爆。送出去之前，我讀了很多遍，倒不是要檢查內容，而是要回味它。每回味一次，我又更氣一點。終於，到了按下傳送鍵的時候，我想像自己是北韓的金正恩，狂妄、傲慢地按下按鍵。我有４Ｇ，而且訊號強度五格全滿，簡訊確認送出。

但不知道為什麼，我的手機冒出一個紅色的小符號，簡訊沒有傳送成功。

我準備按下按鍵，重新發射飛彈。我的手指在開啟戰爭的紅色按鈕上盤旋，但這次我猶豫了。以前的我不只會立刻按下去，還會瘋狂按個不停。但這次，心裡有個聲音叫我別按，就好像有一隻看不見的手抓住我，給我機會重新考慮。這隻手總在像這樣的瘋狂時刻冒出來，而且它從來不會錯。

所以，我重新考慮了一下，想了想所有的後果，送出這封簡訊恐怕是天大的錯誤。

說出去的話和潑出去的水都一樣收不回來。

傳了那封簡訊，你就收不回來了，就算關掉手機、拔掉電池，飛彈都已發射出去。

我坐在那裡，想著宣戰是多幼稚又多壞事的舉動，對方勢必要反擊，這場戰爭將沒完沒了打下去，而下場是兩敗俱傷，第二天再怎麼試圖和好都沒用。

我謝謝那隻看不見的手在冥冥中保護我。我不知道那隻手從何而來，但我答應日後都要追隨它的指示。

小時候，外婆曾跟我提過上帝之手，這一定就是她說的上帝之手了。

外婆，妳說得太對了！

反應與回應

你在打網球，對手賞你一記快速球，你要是沒接到，他就會得分。但你追上去了，你一路追到看臺，成功在最後一秒打到球。你把球打回去，力道更猛，但稍微失控了點。對手還以顏色，他擊回的這一球甚至更快了，截擊繼續下去，雙方瘋狂地一來一往。

你和另一半在一起。她惱怒地說了句蠢話，只是一句氣話罷了，但你不肯放過她，彷彿你就沒在盛怒之下說過蠢話似的！你追著球跑，把球打了回去，她立刻還擊。吵到最後，你們雙方都又氣又累。你不想看到她出現在你的視線裡，她不想看到你出現在她的視線裡。

想像一樣的情況發生在辦公室、大街上或銀行裡。

在著名的聖經故事中，耶穌說要把左臉轉過去，就是這個意思。

以前的人有句話說：

「生氣時，數到十再開口。」

我不記得在哪裡讀到過，「負責」（responsible）是「回應」（to respond）和「能夠」（able）合成的一個字。人能夠做出理性、負責的回應，動物才做出本能的反應。

有時要接下那顆球，做出回應。有時要讓那顆球跑出界外，有時要歸還那顆球。有時要從高空截擊，有時要等球從地上彈起來再打。有時要打得更用力，有時要輕一點。有時要從網前打，有時要從球場中間打。有時要恭喜對手、跟對手聊一聊，有時要放下這場球賽。

學會打對的球，就像在人生中。

如果你想打進錦標賽的話。

超級老爸

登機時我沒注意到他。要到一會兒過後，當他轉身看兩個兒子在做什麼時，我才注意到他。他不只是把頭轉過來，而是全身都轉過來，想看得更清楚一點。我覺得有點太超過了，但還滿溫馨的。

他大概四十多歲，有點白頭髮，戴一副細框眼鏡，身穿經典polo衫，衣領翻起來，有那種貴族學校學生的樣子。他的眼神有種自然的魅力，眼裡的關愛與溫暖不多也不少，正是他的孩子需要的那麼多。他的眼神也很溫柔，就像一個輕輕的擁抱。彷彿每次轉身來看孩子，他都給了他們一個擁抱。在那眼神的擁抱裡有關愛與付出，但最多的是尊重。

他不是要查看或管束孩子，而是把注意力放在他們身上，用心傾聽，不去打擾他們，不介入他們的私人空間。多半是他們問他問題，就像跟人生導師或你很尊敬的人請益一般。而他聽得很認真，不打斷孩子的話，也不隨便應付一下。他常常顯得困惑不解，而且不怕表現出來，他會低頭想一想。我盡可能低調地悄悄觀察他，這位超級老爸已經贏得我的心了。

航程中，他一度起身從我旁邊走過。他身上的味道很好聞，朝機艙後面走去之前，他先彎身看看兩個兒子的狀況。重新直起身體時，他順手摸了摸孩子們的頭——動作一樣溫柔，那份關愛一樣恰到好處。

接下來，晚餐時間到了，這一家人點了素食餐。在開始用餐之前，超級老爸一樣先去確認孩子們該有的都有了，就像主人招待家裡的座上賓。其中一個男孩很快就發現有些乘客點了義大利麵，他問爸爸可不可以幫他點義大利麵，超級老爸笑容可掬、彬彬有禮地問了空服員。她說他們得等全機的餐點都送完了，到時再看看有沒有多的義大利麵。超級老爸向兒子解釋過後，兒子從頭到尾焦灼等待。空服員送到最後一排時，超級老爸很委婉地過去提醒她，但她說沒有多的義大利麵了。

他回到座位，向兒子說明情況，就像在跟頭等艙最重要的乘客報告一樣。最後，他一手拖著兒子的後腦勺，閉上眼睛輕輕在兒子臉上親了一下。

他不是典型的老爸。他似乎有種看不見的磁力把孩子吸過去，手裡和眼裡都有魔力，但就連他沒在碰觸或注視孩子之時，他的隱形斗篷也保護著他們。

像這樣的父親並不常見。為什麼不常見呢？我思前想後，結論是我們自己要負責，我們往往不明白父母的角色多重要。

我們設法逼孩子來到我們的世界裡，而不是讓他們沉浸在自己的神奇世界裡。

我們往往不跟他們平起平坐，而是擺出以上對下的姿態，就像在軍隊裡一樣。
我們對他們吼，不聽他們說話。
我們人在他們身邊，心卻不在，我們迷失在自己的思緒或雜事裡。
飛機上的那一天，超級老爸提醒我為人父母是何等大事。
領子翻起來、眼神暖洋洋的超級老爸。

願上帝與你同在

開過彎道時，我從眼角看到他。身形魁梧的大個子，工作了一天又髒又累，垂頭喪氣地坐在工廠外面。車裡只有我一人，於是我停到路邊，問他需不需要搭便車。人在外島時，我常順便載路人一程。他們總有故事可說，總有經驗可分享，總有笑容可給我，每次我都成為一個更好的人。

「你要去哪裡？」不管他要去哪裡，阿莫爾戈斯島反正只有一條路。

「卡馬里。」說完，他有點辛苦地爬上副駕駛座（這位先生比我想得更重了點，也比我想得更累了點）。他沒心情閒聊，站了八小時後怎麼可能有心情呢？安全帶叮叮響的警示聲打破了沉默。

「你得把安全帶扣好。」我說。他沒反應，叮叮聲越來越大聲，氣氛一時陷入尷尬。三、四分鐘過後，叮叮聲停了，車裡又是一片安靜。

「你是本地人嗎？」

「是。」

「你住在卡馬里嗎？」

「是。」

「冬天時島上人多嗎？」這問題打開了他的話匣子。他說起一千五百位永久居民的事，說起校車到全島各處把孩子們載到鎮上的小學，也說起他工作的回收工廠。說著說著，他也笑了幾次。

分享就是一切。

打開心門，讓人進來，和人交流，是這份交流讓你成其為人。看看在別人臉上展露的笑靨——尤其是陌生人的笑靨。那就像是全宇宙都笑了起來，地平線塗滿色彩，你的心也色彩繽紛。

神經科學已證實了「善意效應」，也就是俗話說的「說好話、做好事」。**關懷身邊的人，給那個特別的人驚喜，對陌生人說好話，幫助有需要的人。這些善意的舉動產生多巴胺，亦即健康、快樂與靈感的荷爾蒙**。你對自己和人類同胞的感覺都會很好，瞧，這兩者密不可分。

於是，我聽可愛的工廠工人聊阿莫爾戈斯島，直到我們抵達他的目的地。我跟他道別，但他把最好的留到了最後。

「願上帝與你同在，孩子！」說完這句話，他就關上車門走了。

我坐在那裡，看著他一肩背著他的包袱越走越遠，直到他消失在視線中。我熱淚盈眶。

感恩啊，感恩。

小餐館

每到午餐時間，我通常都很餓。還不到正午時分，就開車奔向我最愛的小餐館了。打開老舊的木門入內時，注意到店裡人不多。服務生對我笑了笑，找到一張靠牆的桌位，正是我愛的那種座位。我坐下來，四周一覽無遺。

窗戶旁邊是一名五十多歲的男子，他就像是虔心敬拜一般彎身喝湯，無視於周遭的一切，注意力全在那碗湯上。他把他的麵包、湯匙和全副精神都浸到湯裡去了。

坐我對桌的是一位開朗的七十歲長輩，身上穿著年輕、鮮豔的紅色T恤，五官也一樣青春洋溢。時間的痕跡在他臉上刻下永恆的笑容——真誠的笑容，那種讓整個空間都亮起來的笑容。他認識每一位服務生，而且跟他們每個人都有說有笑，他們像蜜蜂般繞著他那一桌飛舞。他點了扁豆湯，點餐過程始終對服務生笑咪咪的，就彷彿這是他人生第一次約會似的。

一會兒過後，有一對朋友走進店內，熟門熟路地坐在其中一張前排的桌子旁，像是坐在他們最愛的老位子。他們也很開心，期待吃到把大家引來這家小店的美味家常菜。我很訝異服務生問都沒問就送上兩杯啤酒，可能是他們一貫的用餐習慣吧。這就是為什麼我很愛來這個地方：它有發自內心的五星級服務。

我的餐點送來了。我一邊吃，一邊繼續觀察。從認真喝湯的男子、青春永駐的紅衣老人，到喝啤酒的一對朋友，他們每一個人都讓我的心溫暖起來，彷彿大家都是老朋友。

桌子是成一直線排列的，所以我什麼都看得到。看著看著，他們也注意到我——除了那位埋首喝湯的先生。我們沒有交談，只是交換幾個眼神，但只是幾個眼神就很有意義。

我們互不相識，但一起用餐。大家就像是坐在同一桌，共享彼此的那一叉子（或那一湯匙）菜餚。埋首喝湯的男子率先離開，接著，那對朋友的餐點連同另外兩杯啤酒一起送上，那位青春老人的扁豆湯也快喝完了。

我是第二個離開的客人。推開木門前，我跟服務生說再見，也在心裡默默向其他用餐者道別。我這輩子或許再也不會碰到他們，但在那天，這一小群人溫暖了我的心，那是你知道自己永遠不會忘懷的一刻，我隔著窗戶再看了他們最後一眼。馬路前方，那位埋首喝湯的男子在等公車。我也默默向他道別，然後朝我的車走去，這一餐就彷彿我一個人來卻碰到一群朋友。

正如同你在人生的旅途上結交的那些朋友。

烏龍球

我愛沃里哥美尼，尤其是在冬天，這座雅典郊區的濱海小鎮人煙比較稀少，色彩也不同了，就彷彿上帝在玩繪圖軟體——第一天，天色灰了點；第二天，海水藍了點；第三天，浪頭白了點。但這套繪圖軟體也能拿聲音、氣味和風來玩，每次都能玩出不同的體驗。

路人有時會闖進這幅畫面，但如果把他們視為上帝的恩賜，你還是能欣賞眼前的景色。以前的我跟許多人一樣，受到干擾難免不悅。現在我只是看著，有時兀自陷入沉思。

所以，那是一個星期天的下午，在沃里哥美尼主要的大街上，一對男女剛把車停好，準備下車散散步，但接下來的事情會讓他們很掃興。他們不是故意要壞了自己的興致，但生氣是會上癮的。到最後，你就變成一個無緣無故亂生氣的人。

男生從駕駛座下車來，只見他氣得五官扭曲。「瞧瞧這混蛋是怎麼停車的！」他咬牙切齒地說。女生和我都看了看激怒他的罪魁禍首，他面前的車停在垃圾桶前面一點的地方。是啦，這樣停車是不太好，但我看過更嚴重的罪行。那輛車既沒擋在車庫門口，也沒擋住別輛車的去路。我想了想他有什麼好氣的，但實在找不到線索。

怒火熊熊燃燒。專家稱之為能量，而能量是你最重要的東西，甚至比你的健康更重要，因為能量決定了你的健康。有些事情是我們能控制的，而我們就該把精力花在這些事情上。然而，我們卻選擇把力氣浪費在無法控制的事情上，通常是用批評、抱怨和講閒話的方式，這就是我們用錯能量的地方。

我離開了那哩，腦袋裡卻還想著那對男女。男生已經毀了他自己和女友一下午的時光，他浪費了自己的精力，天曉得他一天要浪費自己的精力多少次。如果他是守門員，搞不好會把球踢進自己那一隊的球門裡。

總有一天，他會看著鏡子，咬牙切齒地說：「瞧瞧這混蛋！」

我們缺乏自覺，失手漏了球。

因為把精力用錯地方，我們失去一切：愉快的心情、吃飯的胃口、美好的人生。這真是太可惜了。

以足球術語來說，這叫做「烏龍球」。

生活的藝術

我安排了晚上接她們出去玩的時間。今天不是我探視孩子的日子，但在夫妻離異後，過一段日子，雙方通常會在排定的日子之外多找幾天，讓孩子和對方相處一下，我們也是這樣的。唯一的差別是小女兒肚子痛，所以這次她不能來。

所以，我接了大女兒。學期間，我們在一起時總有好多事可做，時間總是不夠用。但到了暑假，時間就比較充裕了。

我們決定到濱海市郊的格利法達散散步。沒什麼計畫，興之所至隨意就好。當你沒辦法每天都跟孩子在一起，你就會懂得要珍惜相處的每一分鐘——甚至是每一秒鐘。

那裡的店鋪都開了，所以我們找不到地方停車，我們決定去停車塔。第一間客滿了，第二間再一個半小時就要關門了，就跟店鋪關門的時間一樣。但我們想出一個對策：只要泊車小弟看到停車塔外面空出車位，他就幫我們把車開去那裡停好，然後把車鑰匙藏在我們事先講好的地方。我把我的手機號碼給他，好讓他通知我車子停哪兒去了。跟女兒討論過後，我們給了他一筆豐厚的小費，那是我們當晚第一個小勝利。

我們朝電影院走去。我力邀女兒跟我一起去看她最近的偶像——拍給大人看的電影版《神力女超人》，這樣我才終於有機會認識這位超級英雄。但她不想去，我也就不勉強了。我們繼續沿街走去買冰淇淋，父女倆爭論了一下該買一球還是兩球，為父我毫無勝算，最後我們帶著特大號的甜筒離開。接著，我們朝公園走去，公園已經關閉幾個月了，我們打算像上次一樣翻牆進去，但公園警衛讓我們打消了這個念頭。

大吃冰淇淋之際，我們一面尋求下一場冒險，格利法達小學的校園是探險的好去處。我們來到操場，有幾個男孩在踢球，我們跟他們玩了一會兒，但沒玩多久就跟著一些人走進學校大樓。我們聽到遠處傳來音樂聲，循聲走去，結果令人驚喜：位在角落的房間裡有一組中年合唱團，他們在指揮的帶領下唱著懷舊老歌。我們也聽得出來現場有人在拉小提琴，琴音悅耳動人。我們站在門邊聆聽，聽著聽著，指揮瞄了我們一眼，但他決定不予理會，繼續投入指揮的工作中。

離開校園時，我們覺得又有了活力，突然想到可以去玩我女兒的滑板車，滑板車收在我的後車廂，還有另一個驚喜在等我們。回到停車塔時，我們發現車子停在外面的空位上。一石二鳥，我們拿了車鑰匙，順便拿了滑板車。萬歲！

我們繼續漫無目的地亂逛，我逛進一家新開的店，店裡有一堆咖啡豆、水果乾和堅果。

我試吃了芒果乾和蘋果乾，吃得不亦樂乎，於是就挑了兩小包買回家。女兒沒興趣，我還來不及分一片給她吃，她就阻止我道：「我不吃水果乾。」說完，她不好意思地對我笑一笑，然後就回去騎她的滑板車了。

在下坡的人行道上，我們衝得太快了，差點就有兩、三個路人慘遭拖行。幸好沒出什麼事，我們只是被路人瞪了幾眼而已。

下一站是一個賣手工小飾品的路邊攤。我女兒發現一個開心果綠的絨球，要價兩歐元。她妹妹一直想要一個跟她一樣的絨球，而她知道開心果綠是妹妹最愛的顏色。一看到那顆絨球，她立刻眼睛一亮。「我要放在妹妹的床頭，她明天一早醒來就會看到。」她爬回滑板車上，開心地吹著口哨。

我們倆都想上廁所，只見前方有間三明治店，可以去那裡上廁所。為了獲得廁所使用權，我們買了一瓶冰水。排隊時，我們不禁納悶前面那位男士為什麼在進廁所前先洗手，但我們沒得出結論。

接下來，我們想到可以去她最愛的一間店。店主是樂高迷，專賣一些稀有的樂高積木。我知道帶她去那裡荷包一定會失血，但我還是同意了，因為反正打烊的時間快到了。我們抵達時，店主正在鎖門。我說：「喔，太可惜了！」她對我會心一笑說：「沒關係，那我們就去那家有電梯的大玩具店吧！」我們加快腳步，趕在打烊前到那裡。這回，我知道自己運氣不會那麼好了，因為他們比較晚關門，營業時間到晚上九點。我們在千鈞一髮之際趕到，直奔樂高區，把玩了一套雄偉壯觀的大型樂高玩具組。我推託著許下模糊的承諾，以免荷包失血。

在那之後，幾位我們約好共進晚餐的朋友打來取消約會，因為他們和孩子卡在各種事先排定的活動中——跟只是四處閒晃的我們不同。但我卻很高興，因為這代表可以自己去我們最愛的餐廳。

於是，我們父女倆就單獨一起去了。那間餐廳燈光美、氣氛佳，我們陶醉在初夏的夜晚裡。雖然餐廳幾乎客滿，還是坐到了一個有雙人沙發椅的好位子。父女倆肩並肩坐在沙發上，點了蘇打水和最愛的餐點——原味義大利麵，我點了一杯葡萄酒以資慶祝。我們猜謎、說笑、天南地北什麼都聊，就像一對滿足的情侶。吃著吃著，服務生過來打斷我們，因為滑板車連同我們買的東西，一起滑到餐廳另一頭去了。我們忍不住笑成一團，重新把滑板車停好來。餐點送上時，女兒要我餵她吃。以前我一定會抗議，但現在再也不會了。現在，我知道這些時刻很珍貴，我讓孩子領著我走上她們想走的路，走進她們的神奇世界裡。

結帳（當然是由她來按信用卡機輸入密碼）過後，她想到最後還能叫我再幫一個忙。她意有所指地說：「爸比騎高高！」意思是她要騎在我的肩膀上，把我的頭當成方向盤，就像以前那樣，只不過現在她有三十公斤，更別提車子停在三百公尺遠的地方。我不想拒絕她。「才不要！」我狡猾地說完就一把將她抱上肩，她就像馬車夫拉著韁繩般抓著我的耳朵，坦白說有點痛，但我內心的喜悅更甚於那點痛楚。我們一定很引人注目吧——我一手拉著滑板車，一手拎著剛買的東西，肩上坐著我女兒。三百公尺的路像是沒有盡頭，但感謝老天，我們一路上笑得合不攏嘴，因為我走得東倒西歪，差點在人行道上跌倒，把滑板車、半瓶水、開心果綠的絨球和遭女兒嫌棄的水果乾撒得到處都是。女兒一笑，我就感覺到她的肚皮摩擦我的後頸，那是三百公尺的歡樂之路。抵達停車處時，我都感覺不到自己的脖子了，但心裡卻很滿足。

我們坐上車，沒多說什麼，也不必多說什麼。我載她回她媽媽那裡，下車時，她給我一個緊緊的擁抱，她閉上眼睛，停了幾秒鐘，就那樣黏著我。我親她一下，目送她走開。就在走進前門之前，她轉頭看我最後一眼，投來一抹喜悅的表情。

那可能是我人生中最幸福的日子之一。你或許會說我們沒做什麼特別的事，但對我來講，平凡小事就是一切。我花了很長的時間，付出很多的努力，嘗了很多的苦頭，才學會過日子，才學會生活的藝術。現在，我知道像這樣的時光一去不復返，我知道我只有現在。

我知道親情是我唯一的真理、唯一的寶物。

我知道我愛孩子本來的樣子，不管是我的孩子，還是這世上其他的孩子，他們只要做自己就好。**我懂得如何活在當下，畢竟沒人能保證我還有明天。**

那只是短短的一個夜晚而已，但對我來講卻是一生。

感謝人生。

小烏雲

這些人到處都是——車上、地鐵上、街上。像是發條娃娃般，他們了無生氣，踩著沉重的腳步，低著頭，垂著眼睛，手裡拿著手機。如果是年輕人，他們通常戴著耳機。這些人就像是從影集《黑鏡》的某一集當中直接走出來的。

在地鐵上，他們看似一列送葬隊伍。如果那天適逢星期一或天氣不好，抑或是天氣不好的星期一，氣氛甚至更陰鬱了。千萬不要不小心碰到他們，否則你就麻煩大了，不是你死，就是我活。

是啦，也有例外，但是很少。

不幸的是，每個大城市的人都一樣。視線黏著手機，手指按著螢幕，耳朵幾乎都塞了耳機。像是一朵朵小烏雲列隊遊行，每個人都有一朵如影隨行的烏雲，比你的狗還忠誠，樓梯上、電梯裡、車子上，走到哪跟到哪。在大家的頭頂上，這些小烏雲合而為一，形成一朵巨大、漆黑的烏雲。不妨稱之為情緒霾害，它是有毒的，而且比什麼都毒。

該怪的不只手機而已，但手機確實是推波助瀾的幫兇。你在跟朋友講話，他卻把手機豎在你面前。正說到精采的地方，手機簡訊卻瘋了似地叮叮響。你可能很認真聽朋友說的每一個字，但對方的心思在他的 email 上。而你跟他也沒兩樣，即使沒把手機拿在手裡，你的心思也繞著手機打轉，就像蜜蜂暈頭轉向地繞著蜂巢。

你和朋友共進晚餐，他起身去上廁所，你忍不住掏出那該死的手機，而你總有好藉口：「我在等重要的 email／簡訊／電話，我得查看一下。」少來了，你跟多數人一樣，就是對手機上癮罷了。手機上癮症是最難纏的一種癮頭，不只如此，手機上癮症還開始得很早，我們的下一代基本上生來就對手機上癮。

科技越進步，手遊和應用程式越多，我們就越是縮進高科技的洞穴裡。

你能給別人最大的禮物，就是你的在場。

人在場，心也要在場。

所以，關掉那該死的手機，把它留在家裡，這個小小的舉動就會改變你的人生。朋友的生日到了，打電話祝賀她，不要只是貼一句「生日快樂」。早上起床後，先抱抱你的另一半，再去查看簡訊。只有你們兩人獨處時，請看著彼此的眼睛。

揮開頭頂上的小烏雲。

艾瑪

就算沒幾個月，少說也幾星期了，艾蓮妮和我電話打來打去，一直設法約見面。打從一開始，她勾勒的願景就令我熱血沸騰。一年前，她經歷了人生的至慟——二十四歲的女兒艾瑪癌症過世。可惜我沒機會見見這位美麗、活潑、魅力四射、樂觀進取、熱愛生命的年輕女子。她生前的夢想是為癌症病患創造更好的生活，邀集音樂家、畫家、作家等有才華的人來醫院，安排遊戲、電影欣賞和座談會，用他們的才華幫助病患變得更強大、更樂觀，不只給病人更好的生活，也給病人更好的機會，因為樂觀的心態對免疫系統有好處，隨之而來的是更好的檢查結果。

那天，艾蓮妮和我終於見上一面。我從人群中一眼就認出她來了。她穿著一襲黑衣，氣質高雅，在喪女的悲痛之下，臉上恰如其分地帶著淺淺的笑容，她決心要讓艾瑪的夢想成真。

我們談了很久。即使女兒的生命之火已熄，艾蓮妮眼裡仍有炯炯的光芒。她有那種讓餘燼死灰復燃的本事，艾瑪和艾蓮妮的熱火合而為一，不分彼此，熊熊燃燒。

「我們從支持我們的醫院開始。」她告訴我。

特別的人總是說「我們」和「我們的」，即使他們有千萬個理由說「我」和「我的」。

「醫院提供一個房間供我們使用，我們的點子很快就被納入治療方案。從警衛、護士到醫生，那裡的每個人都支持我們。不出兩星期，大家就都知道這個『一起來』計畫了。」

特別的人總是積極採取行動，即使他們有千萬個理由什麼也不做。

「我們的願景不能等。」她告訴我：「我們已經開始了，但要推廣這個計畫，還得有你幫忙才行。」

我們的會面為時一小時左右。和她道別時，我的內心澎湃洶湧，誓言幫忙實現艾瑪的願景，同時也幫助其他人。我決心透過這個美好的計畫認識這個獨特的女孩，即使我沒那個榮幸與她握握手。

她名叫艾瑪。

她的精神長存。

方程式

他一走進店裡，我就知道他急著要抱怨。我從他的姿勢看得出來：肩膀垮下來，兩手插口袋，癟嘴皺眉，像是準備打噴嚏的表情，他憋不住了。

「那些傢伙根本是搶錢嘛！我付了七百歐買機票，結果你猜改票要花多少錢？說真的，多少錢？」

「呃，我不知道。」另一個人聳聳肩說。

「四百歐！」他轉了一圈，尋求周遭在場人士的關注。我們四目交會了一下，但我連忙別開目光，我可不想捲進戰火裡。

「大哥，我是提前一個月改票，又不是最後一秒才來改票，你們收這筆錢是什麼意思？」

說完，他抬頭看天，雙掌朝上，一副無語問蒼天的模樣。

我買完要買的東西就趕緊溜之大吉，但我不禁想著這個人真是浪費生命，浪費極了。我敢說他在買票前就知道訂票相關規定，他只是想抱怨而已。就算不是抱怨這件事，也會抱怨別的事。

有些事你能控制，有些事你不能控制。以前在學校學數學方程式時，你會有已知數和未知數。顧名思義，已知數就是你已知的條件，你要算出來的是未知的部分。

騙子就是會說謊，傻瓜就是會說傻話，早上就是有交通尖峰時刻，夏天就是會很熱，這些是你的已知數。你要如何應付騙子、傻瓜、塞車和高溫則是你的未知數，你要怎麼做操之在你。

無論你怎麼推一棵牢固的大樹，它就是不會動，你只是在浪費體力、自討沒趣而已。**我們如為自己無法控制的事情操碎了心，到頭來只落得無力過生活。**

這就是為什麼有些人會筋疲力盡、倦怠不已。他們到處兜圈子，耗盡了油箱裡的燃料。

所以，就從釐清你的已知數和未知數開始。在店裡的那天，那個眉頭深鎖的傢伙是已知數，我趕緊溜之大吉則是未知數。

再碰到類似的狀況，我還是會三十六計走為上策。

為什麼有些人就是很成功？

那是一個星期三的下午，我在中央魚市場逛來逛去，聞著魚市場的氣味，聽著魚販叫賣魚貨的聲音。他們明白我不是去那裡買東西的，所以沒來打擾我。不知道為什麼，我停在其中一攤前面，暗自想著：「每一攤都一樣，但這一攤特別突出。」思忖著它是哪裡不一樣，就像我們小時候玩的益智遊戲：「找出不一樣的地方」。

不一樣的地方：一、魚貨排得整整齊齊。二、冰塊比較飽滿、白淨，就像剛落下的雪。三、攤檯乾淨得能當成醫院手術檯來用。四、工作人員忙個不停卻面帶笑容。正當我以為不一樣的地方都找出來了，我又注意到負責運籌帷幄的婦人。她大概四十幾歲，站在整個攤子的中間。她可能已經站在那裡幾小時了，即使如此，她身上的圍裙還是潔淨無瑕、漿得硬挺，腳上的雨鞋也乾淨得發亮，頭髮梳得像是要出席盛宴似的。她吼得不像其他攤販那麼大聲，但隨手備著一個紙筒權充大聲公，坐鎮全場。

有些人選擇成功，成功就奠定在無足輕重的日常習慣上。無論是要見小孩，還是要見美國總統，成功人士提早五分鐘到約定地點。他們寧可讓自己等，也不讓別人等。他們的手機不會沒電，因為他們總是確保在前一晚先充飽電。如果他們開店，店裡永遠不會零錢不夠找。他們絕不闖紅燈，因為首先他們尊重自己，其次他們遵守法律。你絕不會看到他們在人行道上邊走邊吃三明治，他們會坐在餐桌前，至少給自己五分鐘用餐時間，照顧好自己的肚皮。在地鐵上，你會看到他們埋首閱讀，不打擾別人，也不讓人打擾。你絕不會聽到他們抱怨時間不夠用，因為他們會為每一件事安排好時間。而且，他們要做的事可多了。

這些人牽著生活的鼻子走，而不是讓生活牽著他們的鼻子走，他們懂得生活的藝術。他們先洗耳恭聽再開口發言，他們起身行動，而不是坐著抱怨。他們觀察但不指指點點，顧客或工作夥伴高興了，他們甚至更高興。他們真心關懷別人，但首先把自己照顧好，從他們的笑容就看得出來。他們熱愛自己的工作，之所以能擁有自己想要的，正因為他們所擁有的就是自己想要的。他們知道如何婉言拒絕，將自己的工作視為世上最重要的工作。

這些人首先嚴以律己，其次再嚴以待人。他們心無旁騖專注在自己的目標上，帶給你美好的一天，因為他們首先確保帶給自己美好的一天。他們不會把自己看得太重，他們知道的很多，但最重要的是，他們知道自己並非無所不知。這些人就算失敗也很成功，這些人總是成功，只因他們決定要成功。

就像那位穿著漿挺圍裙和發亮雨鞋的婦人。

快樂

有時候，你會覺得「這就對了」，尤其當專家也這麼說的時候。

有一位很有個人魅力的TED講者，名叫丹．吉爾伯特，他就讓我覺得「這就對了」。在TED的演講中，他談到快樂的科學，並舉了兩個人為例：其中一人中了百萬樂透，另一人遭逢意外癱瘓了。一年後，研究人員重訪這兩個人，誰比較快樂呢？想必是那位樂透得主吧？錯了，他們兩個人一樣快樂。

財富的新鮮感很快就會過去，樂透得主現在把他中的獎金視為理所當然，癱瘓的那個人也把自己的殘疾視為理所當然，他學會與殘缺共存。他不喜歡這樣，但他已經適應了。

對快樂的追求是人生在世的理由，因為沒有快樂就什麼都沒有意思了——無論是工作、興趣，或甚至是你的健康，若是沒有快樂，這一切都沒有意義。

我們坐等快樂來敲門，但當快遞小弟送來一份喜悅，我們卻聽不見電鈴聲，因為我們迷失在自己的小世界裡。

然而，快樂就在這裡，不在的是我們。早晨的鬧鐘、支撐你全身的雙腳、清涼的晨間淋浴、保鮮盒裡的最後一片麵包、發得動的車子、和煦的陽光、累了一天之後在家等你的溫暖床鋪……在這一切當中自有喜悅等你發現。

快樂不是真的發生了什麼樂事。快樂是你用來看事情、欣賞周遭、為一切著迷的眼光。

如果你的眼光不對，那你就需要換一副新的眼光，換一副眼光是不用花錢的。

快樂就像麵包，

要學會烤麵包。

而且，在烤麵包的時候，

把窗戶打開。

讓窗戶開著，讓香味散發出去，讓街坊鄰里都聞得到。

還有，每天都烤新鮮的麵包，

因為麵包很快就會變不新鮮了。

我的勇氣行動

我到加拿大聽羅賓．夏瑪的演講。他是全世界數一數二的勵志演說家，著有《賣掉法拉利的高僧》，他對我的人生有很深的影響。除了聽演講，我在多倫多的待辦事項之一，就是參觀西半球最高的建築地標「加拿大國家電視塔」。我聽說可以到那裡挑戰「極限邊緣漫步」，在一一六八英尺的高空，兩手放開，但有安全帶扣著欄杆，繞著瞭望塔頂的環形壁架漫步。

成長過程中，我記得自己總是很膽小──在課堂上不敢舉手，不敢拒絕別人，不敢做想做的事，不敢為自己挺身而出。當然，我從不惹事，從不調皮搗蛋。此外，我還有懼高症。

前去參觀電視塔時，我還沒決定自己要不要挑戰高空漫步，心想到了當場再決定。我去訂票櫃檯，年輕的櫃檯小姐建議我先看影片再決定。但看了影片也無濟於事，影片中的畫面嚇壞我了，我看了一遍又一遍，還是無法下定決心。恐懼已成為我人生的一部分，隨著恐懼而來的痛苦亦然。

可是我已厭倦這份恐懼，厭倦膽小的自己了。突然間，我決定就放膽去吧！我被帶到一個房間，穿上特殊的服裝和安全帶。我們三人出現在第一一二〇層樓時，教練叫我第一個走到外面的壁架上，外頭狂風大作，我怕得不得了。接著，我漸漸放鬆下來，感覺比較自在了點，我們在外面的壁架上走了半小時，結果出乎意料，我竟然還滿樂在其中的。

這麼多年來，我一直欠自己這個小小的勇氣行動，感覺就像打開我費心為自己打造的牢籠，終於得到自由了。

在這場和自己進行的交易中，我沒有退縮，沒有溜走。

經過這麼多年以後，幸好我學會不要因為恐懼而退縮，即使狂風大作也要迎上前去，我終於學會了勇氣的一課。

屬於你的勇氣行動，或許是終於走進你加入會員已久的健身房，或許是打電話給你默默關心的那位朋友，或許是完成那個丟在抽屜裡積灰塵的計畫，或許是去過你夢寐以求的生活。我不知道，但那畢竟與我無關。

只有你自己知道是什麼。

只有你能去做。

不待明日，今天就去做。

我愛你

我有個朋友名叫伊里亞斯，他是真正的鬥士、不可多得的鳳毛麟角。如有必要從頭來過，他絲毫不會猶豫，因為在他眼裡沒有跨不過去的障礙，他是那種默默努力的強者，光是看著他就不禁以他為豪。

我們一年見面兩、三次，把握難得的機會分享彼此的一切。我們擁抱、開懷大笑、享受彼此的陪伴。我們為對方的幸福高興，難過時也互相安慰。

我試著在他生日那天打電話給他，試了三次才終於跟他說上話，他很高興接到我的祝賀。有時候，人的情緒可能強烈到透過電話、笑容、姿勢、動作就感受得到，我跟伊里亞斯說話時就是這樣。那通電話總共不過五分鐘吧？而且，儘管六個月沒聯絡了，我們在那五分鐘當中就道盡了一切。我們約好兩星期後見，但他把最好的留到最後：「欸，史戴凡諾斯，兄弟，我愛你……」

我聽了目瞪口呆，不知如何反應，喉嚨哽住說不出話來。我不記得自己回了什麼，或我到底有沒有回話。當下，我就像是被喜悅的海嘯淹沒。

我們通常不會把愛掛在嘴邊。但人生在世就是為愛而活，是愛讓我們成其為人。九一一事件中，困在世貿雙塔的許多罹難者最後做的就是打電話給心愛的人，說出自己的愛，愛就是他們最後的遺言。

我們把這些愛的話語留到最後。我們吝於說愛或不敢說愛，於是我們就不說，尤其是男人。我們怕顯得軟弱或濫情，殊不知愛就是人生的一切。

一位車禍喪子的父親在祭文中說：「我們犯了『以為還有明天』的錯，但有時再也沒有明天了。到頭來，我們為自己沒說的話、沒做的事懊悔不已。兒子，我上一次跟你說愛你，是你打來祝我生日快樂的時候。我還記得（而且永遠忘不了）當你回我『爸，我也愛你』時，我是多麼快樂。從那之後，我就沒再說過我愛你了。」

所以，**我的朋友，今天就去說出那句「我愛你」吧！**無須多慮，對你想說這句話的人說出來。

人生只是一瞬。

有時再也沒有明天了。

美呆了！

以前，我總用「美呆了」來形容我欣賞的事物，多半是出於習慣，另方面也因為我聽過別人這麼說。

第一次去我的心靈導師安東尼斯的工作坊時，我注意到沒人會用「美呆了」或「美得難以置信」之類的說法，像是有什麼遣詞用字的禁令似的。他們會說「好極了」「讚」和「很棒」，但我還是把自己的口頭禪掛在嘴邊，成天這個美呆了、那個美呆了。

有一天，一位朋友將我拉到一旁，把大家心照不宣的祕密告訴我。「在這裡，我們不用這樣的說法。」他的語氣和緩，以免冒犯到我。但他態度堅定，令我印象深刻、謹記在心。

「為什麼？」

「因為『呆』這個字畢竟有負面的意思，而『難以置信』顧名思義就是你無法相信，我們避免用負面詞彙去形容正面的東西。」他解釋道：「如果你播下一把種子，你希望它們爬滿寄生蟲嗎？」

「不希望。」我懂他的意思了。用詞務必明智，你的遣詞用字塑造了你的人生。用詞和人生就像雞生蛋、蛋生雞的問題。**你的人生創造你的用詞，你的用詞創造你的人生。**

只要改變一個字，你的整個人生都會不一樣。

每當有人問你過得怎麼樣，不要說：「忙死了。」

多用正面的說法。

西格拉斯和奧莎拉

我謹記他的每句教誨，他有獨一無二的智慧和冷靜的氣質，我願能吸收他的一切。八十歲的穆罕默德來自埃及的亞歷山大城，他是我的壁球教練，也是我的人生教練。

我很愛聽他說一九五〇年代在亞歷山大城的故事。大學時代，他是一位富有運動家精神的籃球員，他把那份精神傳給了我，也傳給他孜孜不倦教導的其他運動員。有一次，穆罕默德跟我說起贊助人的事。他在亞歷山大城打的那個希臘球隊有個贊助人，球員們都聽過這位西格拉斯先生，但不曾見過他，他們以為他是希臘的什麼企業大亨。一天練球時，球員們正要離開球場，西格拉斯先生突然出現了。感覺起來，他是一個謙虛、低調的人，其中一個男孩問教練說西格拉斯先生是做哪一行的。教練答道：「他是郵局的辦事員。」

西格拉斯省吃儉用，贊助籃球隊的男孩們。

坐擁金山銀山不是財富，懂得付出才是財富。

分享是一件美事，而且是幸福快樂的不二法門。無論是分享一朵花、一本書、一個擁抱、一句好話，還是分享一個願望，走到哪就分享到哪，讓世界成為一個比原來更好的地方。

人生在世的任務就是分享、助人和愛人。臨終之時，你想的不是這一生賺了多少錢，而是你付出多少愛，又得到多少愛，這才是唯一重要的事。

有個來自密西西比州的婦女，名叫奧莎拉．麥卡迪，她本來沒沒無聞。現在她舉世聞名，還獲得比爾．柯林頓頒給總統公民獎章。這位非裔美籍的洗衣婦沒有子嗣，辛苦工作賺錢，把賺來的錢都存到銀行。有一天，她到銀行，行員問她：「奧莎拉，妳知道自己存了多少錢嗎？」

「多少錢？」

「二十五萬美元！妳很有錢！」行員告訴她。奧莎拉對這個天文數字沒有概念。為了給她一個具體的概念，行員在櫃檯上放了十枚硬幣。「假設這些就是妳存到的錢，妳想怎麼分配呢？」

她想了想說：「一枚硬幣給教堂，我的三個外甥各得一枚，剩下的六枚嘛……我要想一想。」幾天後，奧莎拉步履蹣跚地來到南密密西比大學，給校長一張十五萬美元的支票。「這是給黑人孩子用的。」她笑咪咪地對校長說：「給那些沒錢上大學的黑人孩子。」

這就是人生在世的目的。

義大利麵食譜

首先要有水，水是一切。人體有六〇％是水，心臟的跳動要靠水，水淨化人體、有助減重、賦予皮膚光澤，水也被稱為大腦的燃料。我曾讀到喝水能將大腦的效能提高三〇％，在大感驚奇之餘，我也從此開始注意多喝水。至於煮義大利麵這件事，若是水不夠，麵條就會黏住，若是一滴水也沒有，鍋子勢必燒焦。

接下來還要一點鹽巴。沒有鹽巴，你的義大利麵就難以入口，多巴胺是生命之鹽、幸福快樂的基本食材，它給人喜悅和陶醉的感覺，有益身心雙方面的健康。多巴胺要上哪兒找呢？它就藏在每一個善舉之中，即使是在你眼中微不足道的善舉，例如撿起一片紙屑、為陌生人開門、請朋友喝杯飲料、給家人驚喜，或是幫助有需要的人。當你和人分享或做對的事，你的身體就會分泌很多、很多的多巴胺。所以，別瞧不起那些做善事的人，他們才是聰明人。只為自己想很容易，但你會因此付出超乎想像的代價。

再接下來，別忘了加點奶油，你的生活也需要一點奶油。腦內啡就是生活的奶油，你可以從運動和休閒活動中找到它的蹤影，腦內啡促進腦神經的可塑性和學習能力、記憶能力及決策能力。

腦內啡被稱之為天然的抗憂鬱劑、天然的興奮劑。

如果你想做肉丸義大利麵，別忘了事先把絞肉從冷凍庫拿出來退冰。

提前計畫，就像任何一位好廚師在做菜前都會預先備料。

說到這裡，我們好像忘記最基本的一樣食材了——麵條！「行動」就是人生的麵條、生活的主要食材。不管是空談、議論，還是抱怨，我總聽到有人坐而言，卻很少看到有誰起而行，我看到好多人為了蠅頭小利出賣自己的夢想。遙控器和沙發或許舒適，但過得太舒服只會扼殺你和你的夢想。行動是早早起床規畫一天，行動是在工作上全力以赴，即使報酬過低。行動是少抱怨、多做事。所以，閉上嘴巴，動起來吧！

一切都操之在你。如果有人跟你說廚師不能控制食譜，那你可別上當。

有個農夫在菜園裡晒太陽，他太太過來問他在做什麼。

「我在等作物長大呀。」他對她說。

「可是你都還沒犁過地或播過種。」農夫太太說。

「那有什麼關係？它們自會長大。」農夫說。

多數人就像那位農夫，以為一切自會開花結果。

隨便啦……

我站在兩排結帳隊伍的其中一排，另一排前頭有個開朗的年輕男子，他和收銀員聊得興高采烈。

他們聊著聊著，我漏聽了一、兩句話，收銀員跟年輕人說了什麼，我聽到他失望地咕噥道：「隨便啦……」他像是突然變了一個人，語氣平板、了無生氣，就連姿勢也變了。他的肩膀垮下來，低垂著頭，手插口袋。轉眼之間，他一改剛才的談笑風生，變成一個愁眉苦臉的人。

我很難過，但我看到人在無意間對自己做出的事，最可怕的是我們不明白自己做了什麼，不明白自己造成多大的傷害。

這種疾病叫做無能為力。就算是我的頭號敵人，我都不想看到他無能為力的樣子。這種病的症狀包括一些無奈的語句，例如：「我能說什麼呢？」「誰在乎呢？」「隨便啦！」「沒什麼大不了的。」「管他去死！」這些症狀會消耗你的能量、你的樂觀、你的精神和你的夢想，它們吸乾你的生命力。

每天來點小失誤，長久下來就會釀成大災難。你抽了一根菸（區區一根菸要不了我的命吧？）你吃垃圾食物（好啦，一包洋芋片不至於傷身吧？）你縮在電視機前面（我值得放鬆一下吧？）節食計畫（下星期一就開始）讀書計畫（我先忙完手邊的事再說）和孩子聊聊（我明天就找他聊）逐夢計畫（咱們先撐過這次經濟衰退吧）。

這世上各式各樣的疾病都有，但有一件事可以確定：不照顧自己就一定會生病。

那位收銀員說了什麼令那個年輕人喪氣的話，我不得而知，但我可以告訴你：**每日一「隨便」，人生遠離你**。

我曾讀到下面這段話，我認為說得太好了。

「地獄」的定義就是：

人生在世的最後一天，

你才碰到那個你本來可以成為的人。

所以，務必遠離那些「隨便」。

力克

我很喜歡雅典市區。我不但勇於開車進城，而且總能找到停車位。今天，我在會議之間有個空檔。通常我不會背叛我最愛的那家小餐館，但今天我餓到去了柯洛納基區高級地段一家不錯的小餐館。

我試著找人行道邊的露天雅座來坐。座位還不少，但我相中了角落裡一對中年男女旁邊的小桌子。這對男女很低調也很有禮貌，兩人一直笑笑地看著彼此的眼睛——真是一對令人羨慕的佳偶。我沒試著跟他們攀談，只是從眼角看著他們。

他們已經吃完飯了，兩人悄聲說著話。但因為這裡太吵了，我聽不見他們說什麼。後來，餐廳老闆過來了，他們跟老闆說了什麼，老闆靠得非常近去聽。一開始，我以為是因為噪音干擾的緣故，接著我才恍然大悟：他倆都是瘖啞人士。他們聽得見，但不會說話，只靠含糊不清的聲音和手勢交流。從他們臉上的表情，你看得出來他們表達得很吃力，我不知道餐廳老闆是真的聽懂了，抑或只是不想冒犯他們，但他們始終面帶笑容。

我們不明白自己有多幸運。

有舌頭可以說話、有耳朵能聽、有兩隻腳帶你到想去的地方、有兩隻手幫你去拿你需要的東西，這些都是無價之寶。

我注意力克．胡哲很多年了。他生來就沒有手腳，如今他是 YouTube 上最勵志的演說家之一。他年輕時也曾想不開，但令人慶幸的是他自殺未遂。現在，他到世界各地談生命之美、活著的意義，以及感恩的心。

他說：「你或許有手有腳，但你如果不知道自己是誰、你的使命是什麼、人生目標是什麼，那你就比我還廢。」

接著，他告訴觀眾，在他還小的時候，他問醫生為什麼他生來是那個樣子，沒人知道該怎麼回答。他說：「有些事情就是這樣，你不得不接受。要麼放棄，要麼前進，沒有別的選擇。」

在影片中的某個片段，你可以看到力克和他兒子一起玩跳跳床，接下來則是他潛水和游泳的畫面，真的很令人感動。

他笑著說：「**我們可以選擇要埋怨自己沒能擁有的，還是要感激自己擁有的**。我聽過年輕人說不滿意自己的身材，那是因為你不明白自己擁有多可貴的東西。」

「連我都有夢想，那你也能有夢想。」這是他最後的結語。觀眾各個眼眶含淚，紛紛站起來鼓掌。

但力克是站得最高的那一個。

還是家鄉好

他在海灘前面一點的地方，悠哉地游著泳，顯然一副自得其樂的樣子，就像在門上掛了「請勿打擾」的牌子，但我還是決定試著跟他攀談。「早啊！」我說。

「喔喔，早安！」他如夢初醒般倉促回應道。但接下來，他就跟我說起他的人生故事。「我也是希臘人，但我住在俄羅斯。為了養家，我得出國工作，我們每年回國度假一個月。我每天早上、下午和晚上都來這裡游泳，來這裡二十天了，還剩十天就得回去了。我很珍惜每一天，我們那裡也有海，是黑海，跟這裡沒得比，這裡是人間天堂，陽光、乾淨剔透的水、溫暖的氣候……」接著，他說了句我永生難忘的話：「啊，希臘！還是家鄉好啊！」他眼泛淚光，我也眼眶含淚。

有多少東西被我們視為理所當然……我們的家，我們的手腳、聲音、眼睛、健康……**直到出了問題，我們才懷念起以前健康快樂的時候，感嘆以前的我們不知足。**於是，我們暫時知足了點，直到又忘記教訓為止。

人為什麼不能感激當下擁有的一切呢？

這叫做感恩，而常懷感恩或許是最重要的一件事了。

我想起一個故事。從前有個貧窮的農夫，他和太太及六個孩子住在一起，房子實在太小了。所以，有一天，他去拜訪村子裡的智者。

「智者啊，智者，我們家的空間不夠。」

智者想了想，問那位一家之主說：「你們家有養狗嗎？」

「有的。」

「把牠養在屋子裡。」

「可是，智者，我們自己都住不下了。」

「照我說的做，下星期再來找我。」

下星期，這位農夫再訪智者。

「如何？」

「現在更不好了呀，小狗吵得我們整夜不能睡。」

「你們家有養羊嗎？」

「有的。」

「把羊也養在屋子裡。」

「可是，智者……」

「照我說的做。」

再下個星期，農夫又來了。

「如何？」

「不妙啊！狗跟羊打成一團。」

「你們家有養牛嗎？」

「有的。」

「把牠養在屋子裡。」

「可是……」

「照我說的做。」

又過一星期，農夫再次登門拜訪。

「如何？」

「糟透了。動物們打成一團，牛都叫瘋了，孩子們不能睡覺……」

「現在，你要做的就是把動物都放回院子，只剩你們一家八口住在屋裡。」

一星期後，農夫回來了。

「如何？」

「好極了，再完美不過！」農夫興奮地說。

「那就好。」智者說。

現在，你還不為自己擁有的空間高興嗎？

接球

電話上，她聽起來心情很不好。一開始，我還滿擔心的，因為她說話通常很冷靜，但這次就連她的呼吸都不穩，急匆匆地說出整件事。

「這絕非偶然。我心裡七上八下的，總覺應該打個電話給A（她最好的朋友）。電話上，她聽起來很不妙，比以往都還糟糕。我問A：『親愛的，出什麼事了？』

『我狀況不好。』

『我現在就去找妳。』

『不，不用了。我只會害妳也心情不好。』」

我朋友立刻趕去找A，A失業很久了，經濟狀況一團糟。A和先生都付不出帳單，生活已跌到谷底。就在我朋友正在安慰A時，她的手機響了。

「史戴凡諾斯你知道嗎，我本想就讓手機響下去，因為時機真的太不巧了。但不知道為什麼，我還是接起了手機。是我朋友瓦斯利斯打來的，他剛在某公司找到一份很棒的工作，而且正是A從事的領域。順帶一提，A工作做得很好。你猜怎麼了？那家公司正在徵才呢！你猜是誰剛接手人資事務？我朋友瓦斯利斯！而且他欠我一份人情，你能說這一切純屬偶然嗎？」

他們當場約好面試事宜，每件事都有它發生的原因，我們說是運氣或巧合，但其實不然。一切都有原因，一切也都有它的時機，不妨稱之為巧妙的安排吧。在某個特定的時間吵了一架、來了一通電話，或有了一場談話，背後都暗藏著什麼訊息要告訴你。就像夢幻球員的完美傳球，有時你會接到這種球。把球接住，並且不要一直抱著它不放，像我朋友一樣把球傳出去。接起那通電話，約好時間去見那個人。

冥冥中總有指引，我們要學會傾聽那道指引。

話說，有個很虔誠的信徒發生船難，孤身一人困在荒涼的孤島上。有一天，有一艘船經過。

「要不要我們救你？」

「不用了，上帝會救我。」

一會兒過後，另一艘船經過。

「朋友，要不要我們救你？」

「不用了，上帝會救我。」他又說。

一天，一架直升機從上空飛過。它降落在島上，飛行員爬下直升機，問道：「要我救你嗎？」

「不用了，上帝會救我，祂不會忘記我的。」

一段時間過後，我們這位朋友來到天國的大門前。

「為什麼呢？我敬愛的上帝，祢為什麼忘了我？我一直在等祢來救我。」他埋怨道。

「傻瓜！我派了三個人去救你啊！」

氣泡水

多年來，我一直很愛喝氣泡礦泉水，兩個女兒把氣泡水暱稱為「阿泡」，阿泡解我們的渴，讓我們精神一振，我們都是整箱整箱地買來喝。

氣泡水有個壞處，就是店家常常售罄。所以只要在超市看到氣泡水，我一定會多囤一些起來。幸好，我發現了一間似乎總是不缺氣泡水的小雜貨店。

我順路到那裡退還用過的空瓶，另外再訂了三箱三十六瓶氣泡水，我們約好送貨時間，而他們總是很守時。

門鈴在下午四點響起，我想一定是送貨小弟。我聽得到他在大樓外拖著箱子的聲音——我們說的可是三十六公升的貨物！我下樓到門口開門。送貨員是個三十幾歲的年輕人，戴著一副墨鏡，頂上無毛，臉上有著短短的鬍渣——近來很流行這種風格。他滿身大汗，看起來又累又煩躁，讓人不敢惹他，而且態度不太好。

「有電梯嗎？」他不想聽到「沒有」這兩個字。

「有，有電梯，我住三樓。」他把箱子扛了上來。「你想放在哪？」我指給他看。而他累得氣喘吁吁。

我跟店家說過我要用信用卡付款，我準備了信用卡和兩歐元的小費，本來我打算給他兩歐半，但他那副唐突無禮的態度令我猶豫了。

「我得再回來一趟。」他難掩沮喪地說。

「為什麼？」其實我很清楚為什麼。

「我忘記帶刷卡機了。」此時他已累得聲音沙啞。

他垂頭喪氣地轉身要走，我決定攔住他。「我可以付你現金。」

「可以嗎？」他很訝異。

「當然可以。」我們雙方都很高興。他把三十五．四歐元的收據遞給我，我給他一張五十歐的鈔票。他準備找我十四．六歐的零錢，我只收下十歐元。「零錢你留著吧。」

他不敢相信有這麼好的事。接下來，他就像絕處逢生似地笑開了嘴，整張臉都亮了起來。

「謝謝你、謝謝你。」他連聲道謝。

「年輕人，我請你喝杯水好嗎？」

「不、不用了，謝謝。」

「謝謝你。」我說。

「不不不，是我要謝謝你。」

他走進電梯，垂下眼睛，微微鞠躬，右手輕輕按在胸口，對我致上最大的善意，他從頭到腳都笑開了。

電梯門關上，但他的表情仍留在我的腦海。

我剛剛給了一位人類同胞愉快的一天。我關上前門，一個人感動得眼眶含淚，此刻的我或許是世上最快樂的人。

謝謝你。

謝謝你。

關掉視窗

她是我的順勢療法治療師，也不定期充當我的心理分析師和人生導師，每次見過她，我就又多長了一點智慧。

前陣子，我壓力很大，身體冒出各種症狀，腦袋裡有一百件事要想，她看著我，一如往常會心一笑。

她把筆電轉過來對著我，開始打開螢幕上的視窗——一個又一個沒完沒了的視窗。一開始，我還沒意會過來。視窗開著開著，畫面突然整個停住了。我們倆就坐在那裡，盯著螢幕。

「你覺得你的腦袋跟這有什麼不同？」她問我：「我們開了一個又一個視窗，到了一定的極限，這可憐的東西就當機了。我們以為自己無所不能，像超人一樣，但我們想錯了。」我永遠也不會忘記她的這番話。

我們活在多工時代。但當你同時做一堆事，到頭來就沒一件事做得好，只能變成隨便交差、草草了事。

有時候，不禁覺得科技越是進步，我們就越是退步。我們人在這裡，心思卻不在當下。

你能給別人最大的禮物，就是你的在場。

當你人在這裡，就全心全意在這裡，不要一心多用。專心和一個人共度一小時，好過分心和十個人共度一小時。任何人事物皆然，不管是跟你的小孩、伴侶、朋友相處，還是投入於工作、寫作、閱讀、思考……任何你選擇要做的事。當下就只有那件事，其他的一切都不存在，整個人完全投入，只為那件事而活。專注，唯有如此，你的心才在。唯有如此，才是重視手邊的事情。唯有如此，才是重視人生和你自己。

希臘有句話說：「你不能一口氣在腋下夾兩顆西瓜。」

如今，一次就一顆西瓜或許可以叫做「單工」吧。有時候，我覺得我們只是重新發現了富有智慧的古老格言，改成時下流行的詞彙，讓老生常談聽起來比較時髦而已。

伊安尼迪斯先生

我很崇拜他，我對長輩們總是懷著一份敬意，尊敬這些無名英雄的人生智慧，他們值得為自己貢獻的一切受到敬重。

伊安尼迪斯先生——我總是這麼稱呼他。他教我工作，也教我人生，他彷彿吸取了人生的精髓。他是一個充滿活力、見多識廣又知書達禮的人，也是一個感情豐沛又不怕流露真情的人。他總是笑笑的，走到哪裡都留下他的痕跡，以及招牌古龍水的味道。

他是我在天空電視頻道的同事，大客戶向來由他負責。準確說來，他以自己獨到的一套辦法，接下小客戶，把他們變成大客戶。他的獨門絕活包括說服力、誠懇的態度、清楚的邏輯、扎實的論點，還有音樂和感受、信任和感激。獨一無二的他是客戶們的心頭好。

他熱愛音樂，在他的數位音樂庫裡有成千上萬的曲目，而且，說到使用相關的軟體，他比十五歲的年輕人更熟練。他喜歡編製自己的播放清單，然後當成禮物送人聽，涵蓋的範圍從男高音阿茲納弗到搖滾怪傑扎帕不等。

他就算退休，也是退而不休。每個月，他都會來辦公室找我聊聊天。每次他一來，大家就紛紛探頭進我的辦公室，跟他打招呼之餘，也希望能感染到一點他對生命的熱情。

幾年前，他的愛妻娜娜打電話給我。我接起電話時，只聽她聲音顫抖地說：「史戴凡諾斯，尼可斯過世了……」說著她就哭了出來，我也跟著哭了。

在一個晴朗的冬日午後，我們在郊區的一座墓園道別。要怎麼向一個如此充滿生命力的人道別呢？辦法就是用歡笑送他走，而不是用眼淚。葬禮過後，我們依慣例在咖啡館喝咖啡，懷念與尼可斯．伊安尼迪斯共度的時光。我們不顧禮節開懷大笑，就連他的妻子也笑成一團，我們用笑聲頌揚他的人生。或許，那是我們與他共度的最美好的一天。

我向娜娜保證我會定期和她聯絡，她聽了非常高興，但我卻從來不曾實現諾言。

那天，伊安尼迪斯先生的兒子尤谷斯打電話給我。

「你好嗎？尤谷斯，孩子們好嗎？真高興聽到你的聲音！」

「我們很好，史戴凡諾斯，但我有個壞消息。媽媽昨天過世了。我去她家，發現她在睡夢中過世了。」我舉著話筒，呆坐在那裡。「史戴凡諾斯，你在聽嗎？」

「她去跟你父親團聚了，尤谷斯。」我終於擠出這句話。

「是的，史戴凡諾斯，正是如此。葬禮是明天下午三點，就在老爸長眠的同一個地方。」

我再也見不到娜娜了。
所以，**我的朋友，別再拖延下去。**
有時那可惡的明天永遠不會到來。

把自己打理好

星期天晚上，慢跑完，寫完日記，我決定去露天電影院看場好電影。但慢跑完就沒多少時間可以沖澡了，我心想只要換件乾的衣服就好。但又覺得這樣不太舒服，於是重新考慮了一下，匆匆決定衝進淋浴間，洗去汗水，好好把身體擦乾，看看鏡中的自己，看起來可以見人了。

現在輪到著裝。衣架上掛著我的百慕達短褲和今早穿的T恤，有點皺，但是很乾淨。我把這套衣褲穿上，旋即又改變了主意。雖然時間已經很趕了，我還是打開抽屜，取出一條新熨過的百慕達短褲。感覺很不錯，我從衣櫥挑了一件俐落的新襯衫。襯衫和短褲都很好，搭在一起又更好了。

再來是鞋子。門邊放著我的慢跑鞋，這我也不滿意。我穿上我的街頭風休閒鞋，再看了看鏡子，整體看起來都很好。但這是九月的最後一個夏夜，萬一外頭有點涼，我隨手帶了件大學T以防萬一。然後塞了一張二十歐元的鈔票到後口袋，一切準備就緒。

但臨時又改變了主意，把二十歐換成五十歐。萬一我晚上還想續攤呢？難道不該把錢帶夠嗎？我跳上車，發動引擎，瞥了一眼鏡中的自己，看起來很好。

在電影開始前五分鐘抵達露天電影院，買了一杯蘇打水給自己，找了個好位子坐下，邊欣賞預告片邊享用蘇打水，再快樂不過了。

關鍵在於把自己打理好。

你會覺得心情很好，你甚至會覺得自己很重要。

你會覺得自己值得這一切。

在你的人生中，最重要的人莫過於你自己。把自己打理好，就是在向自己致敬，而這份敬意是無價的。

我們常常給自己吃人生的廚餘，以前的我就老是這樣。以前的我從不抱怨，那個我從沒說過什麼，但我知道當我好好照顧他，當我讓他看到我是多麼愛他、珍惜他，他的感覺是多麼良好，他神采飛揚。

電影相當精采。中場休息時間，我去上廁所，廁所裡也有一名可敬的中年男子。我先從隔間出來，走到右邊的洗手檯。那名男子接著出來，我移到另一個洗手檯，行個方便讓位給他。我對他笑笑，他也笑著向我道謝。

「好電影。」我說。

「非常好。」他附和道。

他走出廁所時，我對他說：「保重。」

他也回我：「保重。」

沒錯，好好保重自己。

霸凌

有些父母令我抓狂，他們總是把我惹毛。自從有了孩子，我就更受不了那些父母了。

有些父母選擇透過孩子而活，他們以最惡劣的手段操縱子女，卻自以為要像他們這樣才是好爸爸、好媽媽。他們不尊重孩子，因為他們根本不尊重自己。他們讓孩子充滿恐懼，因為他們沒有勇氣面對自己的恐懼。他們不反省自己的人生，卻成天將孩子送來送去——送去學芭蕾、學游泳、學空手道，送去運動場。

事實上，孩子要參加什麼活動，全由他們來決定；孩子如果不從，他們就生氣。他們甚至幫孩子挑選要穿的衣服、喜愛的科目、內心的感受、結交的朋友、職業生涯的方向。說到底，是他們替孩子決定了人生——如果那也叫人生的話。

他們根據對方的父母挑選孩子的玩伴，門當戶對才能玩在一起。他們選擇孩子該吃的食物、該參加的派對，他們決定孩子在幾度的氣溫應該覺得冷。當孩子迫切嘗試與他們溝通內心深處的感受，這些父母卻不用心了解或徹底忽視，他們仗著自己會的詞彙比較多，堵住孩子的嘴巴。

當這些孩子長大成人，邁入四十大關，父母還纏著他們不放，就像他們只有四歲一樣。除了少數的例外，這些「孩子」年屆五旬還不能獨立。要是有朝一日明白到父母誤了他們一生，他們一定會滿懷怨恨，而他們的父母還不明白為什麼。為什麼？因為他們得在父母的魔掌中求生存啊！

這些父母一週七天、一天二十四小時不停殘害自己的子女。但當其中一位這種父母掀起軒然大波，我真的氣炸了。只因別的孩子疑似霸凌了他的心肝寶貝，只因別的孩子在下課時間踢了他的孩子，這位家長就氣得怪老師、怪學校、怪其他的家長、怪有關單位，甚至怪起總統來了。這個人不可能承認，最具破壞力的霸凌，就存在於他自己對待孩子的行為裡。

一位傑出的教育家在一次演講中，建議父母將孩子視為平起平坐的同輩，但放棄最偷懶的解決辦法是需要勇氣的，而支配子女或透過子女而活，就是最偷懶的辦法。

孩子需要的是為他們照亮去路的父母，而不是牽著他們鼻子走的父母，或至少不逼迫子女走父母最中意的那條路。

孩子需要的是支持他們自主做決定的父母，即使親子之間意見相左。詩人紀伯倫說得很有智慧：「你的孩子不是你的孩子。他們經你而生，但非出自於你。他們在你身邊，但並不屬於你。你可以給他們愛，但不能把你的思想塞給他們，因為他們有自己的思想。」

在電影《費城》中著名的一幕，就在開庭審判之前，湯姆．漢克斯飾演的安德魯．貝克特為父母做好迎接難堪場面的心理準備。他的父親對他說：「不管誰在法庭上說了什麼，我們都以你為豪，不會減損半分半毫。」他母親也驕傲地說：「我愛你們兩個。」貝克特感動得熱淚盈眶。

這才是我們要的父母。

留一扇門

我正在寫這本書，寫著寫著手機響了，是我女兒傳來一則影音簡訊。她和她媽媽一起在照顧她的小表妹，她傳了一首搖籃曲的歌詞過來。在她還是個小貝比的時候，我在她睡前會唱這首歌給她聽，她會睜大眼睛看著我唱，一會兒過後才慢慢閉上眼睛，一手仍在肚皮上抓著我的手不放。這首歌永遠都會是我們的歌，直到永遠……

現年九歲的她重新發現了這首歌。她還記得我唱過，所以就跟我分享。我不再是每天都能看到她和她妹妹了，但她們總在我內心深處的祕密角落裡，無論她們長得多大，無論我變得多老，無論她們去到哪裡，無論我去向何方……

我重讀那首搖籃曲的歌詞，回憶起唱歌哄她睡覺的美好時光，內心不禁翻騰不已，感覺分外強烈。淚水湧上我的眼眶，我體會得到女兒讀這些歌詞時的感動。「爸比以前都唱這首歌給我聽，現在我要把這首歌送給他。」我感覺得到她傳歌詞給我看的激動，頃刻間，我變成了她。

我沉浸在這份感動中，細細品味。我現在知道，當下就是我擁有的一切、我所能決定的一切。我成為那份感動，任由那份感動傳遍我的全身，不加阻攔，沒有速限，也沒有路標指引它的方向，我知道自己再也不會有一模一樣的感動了。

我也不是向來都這樣，以前的我習慣藏起自己的感受，暴露心裡的感受讓我覺得難為情。

男人彷彿生來就受到詛咒。

男兒有淚不輕彈，男人是強者。

饒了我吧！

幸好，我現在明白了脆弱的力量。

脆弱的人懂得哭，懂得在壓力下崩潰，有時候，撐不住就是撐不住。

往昔，我祖母從不鎖門，甚至就讓門開著。朋友來串門子，風也來串門子，家裡就有了生命。

而我決定這就是我要的生活方式：留一扇門，讓陽光進來。

喚醒我，溫暖我。

要好好的，我的寶貝女兒。

小偷

有些人很怕小偷。他們怕小偷會偷走他們的錢、洗劫他們的家，或帶走他們的孩子。

但還有另一種更狡猾、更危險的小偷——他藏在我們心裡。這傢伙是專業的，他每天一聲不響從我們這裡偷走一點東西。這個小偷偷走我們的夢想、樂觀、喜悅、靈感、紀律和活力，他偷走我們的人生。

但我們已經和他合為一體，渾然不知他的存在。他就像啃噬木頭的白蟻，一點一滴把我們吃掉。

印度有個故事。一個老人對他孫子說：「在你的身體裡有兩隻狼。一隻是惡狼，牠是憤怒、嫉妒、憂傷、失望、貪婪、尖酸刻薄、自憐、魯莽、卑劣、虛榮、狂妄、自大。另一隻是好狼，牠是喜悅、愛、希望、和平、沉靜、謙虛、善良、慈悲、同理心、慷慨，以及對神的信仰。」男孩聽得很專心，最後，他問爺爺：「那誰會贏呢？」老人想了想，答道：「你餵誰，誰就會贏。」

每隻狼都有牠愛吃的食物。惡狼沉迷於看電視、在社群媒體上浪費時間、刺探別人的隱私、批評別人、嚼舌根、無病呻吟、說謊、吃垃圾食物、熬夜、裹足不前、鬼混度日。惡狼也愛損友、成規、怨恨、偏見和冷漠。好狼愛吃的則是愛、真理、善意、感激、自重、專心、行動、不斷進步、責任、條理、運動、多喝水、抬頭挺胸站直、早起，以及努力工作。

狂餵惡狼吃東西，卻期望牠不要長大，就像狂嗑蛋糕，卻希望體重變輕。

永遠都要把好狼餵飽來，牠幫你趕走小偷。

餵飽好狼是你的工作。

救生員

身形苗條，舉止優雅，頭上戴著一條很寬的頭帶，你很難不注意到她。然而，她的自信卻似乎趨近於自負。

那是我們在飯店的最後一天，如果不想遲到，我們早該離開飯店了。由於我很不擅長約束兩個女兒，而她們吃定了這一點，所以大女兒把握最後的一點時間，去游泳池玩滑水道。

值班的是這位美麗的救生員，多數時間，她都在和同事聊天。我女兒滑下滑水道時，這位救生員忙著調整頭帶、整理頭髮、把鬆掉的髮絲塞好，搔首弄姿個沒完。那副虛榮的模樣就彷彿她是上帝送給這世界的禮物。她越是整理儀容，我就莫名覺得越煩躁。

我的大女兒最後一次滑下滑水道，她的妹妹伸長了脖子想看姊姊，但卻看不到。天曉得救生員是怎麼意會過來的，她一個箭步上前去，彎身輕輕把我女兒抱起來，安全地放在休息平臺上，好讓她看得見姊姊。我頓時有點吃驚，我的小女兒也是，但她沒表現出來，因為她的注意力都在姊姊身上。大女兒滑下水道之後，小女兒對救生員感激地笑一笑。救生員給她一個溫柔的擁抱，慢慢把她從平臺上抱下來。我女兒只是一臉開心、充滿崇拜地看著她。

這位美麗的救生員轉過頭來，不著痕跡地對我笑了笑，我回以一笑。經過漫長的一天，所有疲憊都在那一刻煙消雲散。我站到一旁，笑起自己的先入為主來了。隨後，我就帶著兩個女兒離開飯店。

我想起最近讀到一句很棒的話：

「不要因為我犯的罪與你不同就論斷我。」

鼓手

我之前就看過他，他總是穿得一身黑，墨鏡推到頭髮上。以鼓手來講，他的髮型算很保守了，但我之前不曾看過他像今天這樣。今天，他偷走了我的心，占據了我的思緒。在他獨奏的那三分鐘裡，我彷彿置身另一個世界——我不知道那是哪裡，但肯定是和他在一起。

那是校方辦的一場表演，我們這些家長受邀來觀賞。他像一隻貓般靜悄悄地步上舞臺，默默演奏起來。鼓聲漸強，節奏越來越激烈。在那三分鐘神奇的獨奏裡，他望著遠方——我不知道是哪裡，但一定是個蒙福之地。一部分的他在那裡，一部分的他和我們在一起。他將自己一分為二又合而為一，成為一個不同凡響的整體。

演奏來到尾聲，高潮也來了，就像做愛一樣。一部分的你迫切渴望達到高潮，一部分的你又很怕好戲就要結束。

結束後，我們熱烈鼓掌。但這位鼓手沒在聽，他只是望著那片蒙福之地，彷彿在說：「我準備好了，隨時來接我過去吧。」

有些人別無其他的活法，無論是喜悅還是痛苦，他們對一切的感受都是那麼深，因為人活著不只有喜悅，也得體會痛苦的滋味。像這樣的人知道如何死，更知道如何死而復生。即使所剩不多，他們也知道如何付出所有。

他們受不了浮面的生活，他們不怕失去任何東西，因為他們所需的一切都在心裡。他們來這世上不是為了享受，而是為了全力以赴。他們知道如何為自己的熱情鞠躬盡瘁，他們知道如何為了舞臺表演、科學研究或文學創作付出生命，這份熱情就是他們的生命。

沒有熱情的人生不值得一活。

要找到你畢生的熱情。

跟自己說話

小時候，我很討厭吃朝鮮薊，現在朝鮮薊卻成了我最愛的食物。自從意識到這件事以來，我就決定要多多嘗試新事物。

幾年前，如果有人叫我跟自己說話，我一定會當著這個人的面大笑出來。但經我親身實驗證明，人還真的應該試著跟自己說話。一開始，我是從露易絲．賀的一本書上讀到勵志心語，勵志心語是你對自己說的話，無論有沒有大聲說出口，也無論有沒有意識到自己正在這麼做。人腦每天都有四萬條思緒，每兩秒就閃過一個念頭。多數念頭都是無意識的，而且通常是負面的。一個十歲的小孩要從家裡、學校或媒體上受到數千小時的訓誡，那些「不行」和「不可以」在心裡埋下種子，生根、發芽、最終長出果實——每兩秒就結出一顆果實。

多數父母對孩子的支持，就到孩子走出第一步、說出第一個字為止，接下來，絕大多數的父母都會在不經意間打擊孩子，就像當初他們的父母打擊他們一樣。「小心！」「你會跌倒！」「那不適合你！」等等。他們在子女心裡播下最壞的種子——無能為力的種子，而多數孩子就以為自己真的無能為力，他們以為不能決定自己的人生，他們以為自己沒有價值。最後，他們變得不喜歡自己，他們沒來由地為了人生苦苦掙扎。現在，我們的心田需要新的種子，因為它長滿了雜草，勵志心語就是你為自己的心田新播下的種子。

勵志心語是你新的真理。坐在鏡子前，對自己說肯定的話語，一遍又一遍，說很多次，直到深信不疑。或許要花幾個月，或甚至幾年，因為你的心田花了幾年長滿負能量。趁著早上一起床和晚上睡覺前，對自己說勵志心語，因為這時土壤又鬆軟又清新。用現在式說，而且務必要說正面肯定句。還有，內容只和你自己有關，因為別人的心不是由你來決定。

目前為止，兩個女兒和我練習說勵志心語已經許多年了。其中一句是「我值得」，我們每天早晚都說一百次。說得越多就越相信，而越是相信，感覺就越正面。勵志心語是你的種子，當然你得澆水、施肥，好好照顧它，它才會成長茁壯，這就是我們所謂的「行動」。

有一天，我那六歲的女兒問我：「嘿，爸比，你知道當我一遍又一遍說『我值得』的時候，發生了什麼事嗎？」

「什麼事？」

「我不知不覺就微笑起來。」

這就是勵志心語的作用，它讓你的靈魂微笑起來。

不知不覺的……

巴基斯坦人

中午，雅典市區的一條大馬路上，我走著走著，一輛三輪小貨車停在路邊的回收桶前，閃著停車燈，但並未擋到往來車輛。一名儀容整潔的巴基斯坦人下車來，他穿著俐落的黑衣黑褲，腳上的鞋子擦得發亮，他朝回收桶走去。

我好奇地停下來看他，他小心翼翼地打開回收桶的蓋子，看了看裡面的東西，只挑了紙箱出來，並從口袋掏出美工刀，去除箱子上的膠帶，動作猶如手術般精準，像是深怕傷了紙箱似的。接下來，他很有耐心地將紙箱一一壓扁，整齊地疊成一落，放到旁邊。收集好厚厚一落，他就用藍色塑膠繩整齊劃一地將一落紙箱綑起來，再次以無比的精準，一落一落疊上去。

我看得入迷，他是那種動作中透出做事情有多用心的人。

後來，他謹慎地將一落落整齊劃一的紙箱堆在三輪貨車的車斗上。他對待這些紙箱的方式，就彷彿它們是這世上最珍貴的寶物。最後的成品令人嘆為觀止，絕對值得拍照留念，但我不想冒犯到他，所以就沒拍照。最後，他又小心翼翼地將回收桶的蓋子蓋回去，確認車斗上的紙箱放得很牢靠，再跳上他的貨車，熄掉停車燈，從容地開進車陣中，直到在前面一點的下一個回收桶前停下。

我在那裡停了一會兒，回味剛剛目睹的一切。這個人工作的樣子，就彷彿他做的是全天下最重要的工作。無論他喜不喜歡這份工作，他都把它做到完美，他真的讓我大獲啟發。

我但願自己能拍下那一幕，和我的女兒、朋友、同事及世上的每一個人分享，影片的標題會是：「如何成功」。

早上出門前，無論你要去哪裡，都要穿上最好的衣服，熱愛並尊重你所做的事。但最重要的，是要愛自己、尊重自己。

無論做什麼，都把它當成全天下最重要的工作。用心去做，用熱情和愛去做。無論你是垃圾車司機，還是深海潛水員。最重要的是要為自己而做，如此一來，你做起這件事來才愉快。其次，如有必要再來擔心你的同事或客戶，首要之務就是讓這世界成為比原先更好的地方。

就像那位儀表堂堂、鞋子發亮的巴基斯坦人一樣。

希臘式人情味

他稱不上是我最好的麻吉，但他是我的朋友，我們互相敬愛、彼此欣賞。我要到他在雅典市區的辦公室附近辦點事，所以撥了通電話給他，看看能不能順路拜訪一下，他任職於一家成功的大企業。他親切地迎接我入內，並跟我在辦公室坐了一會兒過後，他提議我們去附近喝杯咖啡。

正要離開辦公室時，跟負責的人打過招呼之後，他就挑了一些公司的產品給我，送給我的兩個女兒。我很訝異，他給我的可不是一、兩件東西，而是一大堆，可能把他孩子享有的員工家屬福利都給了我。換言之，他選擇把送孩子的禮物給了我的孩子。一開始，我說這樣不行，但他秉持希臘人樂於分享的精神，堅持要我收下。他不接受我的拒絕，我深受他的舉措感動，就感激地收下了。

來到咖啡館，他問我想喝什麼。打從一開始，他就明顯有請客的打算。他去點餐，並親自將我的咖啡端來，彷彿我是他府上的貴客。我們細談了我在忙的計畫，他不只洗耳恭聽，而且很關心，並像一位可靠的生意夥伴般給我建議。帳單送來時，他自然拒絕讓我付錢。「在我的地盤上可沒你出錢的份！」他說。感動我的不是咖啡錢，而是他的心意。

你或許會說：「這有什麼大不了的！」但對我來說就是很值得感動，這是所謂的希臘式人情味。有點見識的人都知道，要找到這樣的慷慨大方並不容易。他們說這叫好客，但我覺得不止如此。事實上，這叫愛——無私的愛，渴望付出的愛，不求回報的愛。

幾年前，一位在我們研究所授課的英格蘭教授來訪，他告訴我們一個永難忘懷的故事。他和伴侶在希臘度假時，來到雅典市中心如詩如畫的普拉卡區，指名要找一間特定的餐廳。他們向一位本地人問路，那人不只告訴他們怎麼走，還親自帶他們過去。道完謝之後，他們注意到他跟餐廳老闆說了幾句話。等到用餐完畢要帳單時，老闆說葡萄酒的部分那位本地人買單了。教授目瞪口呆，他告訴我們，世界各地都沒有這樣的人情味，唯獨希臘才有。那位教授下了一句結論：

你們希臘人擁有的**人情味太可貴了**，**千萬不要遺失了**。

朋友在市區請我喝的那杯咖啡，讓我想起了這個故事。

你的屎

一切就從小學時代作業簿上的紅字開始——老師批改時下手之重，一筆一畫都透到了下一頁。如果你的作業是一幅畫，紅字就會是主題，你寫的字則是背景。

成長過程中，這些紅色的印記就彷彿刻在我們腦海裡。無論喜歡不喜歡，這些紅色的批改痕跡都是人生的一部分。一開始，它們來自你的母親，接著來自老師和左鄰右舍，最後則來自你自己。接受它們，你就能接納自己。愛你犯的錯，你才能得救。

人生就跟你的房子一樣有兩扇門，前門是用來迎賓的，後門是用來丟垃圾的。兩扇門都屬於你，但那體面的前門，全靠醜陋的後門才撐得住門面。不然，試試把又臭又爛、滴著髒水的垃圾從前門丟出去，你就知道了。

唯有接受自己的錯誤，你才是完整的。專家說那是你的「黑暗面」，你甚至可以稱之為「你的屎」。無論你怎麼否認，你的屎就是你的屎，永遠都是。你越是掩蓋它，它就變得越臭。糞肥都是撒在土壤表面，一開始會臭，但接著它就變成最營養的肥料了。

人在順遂的時候一切都好，但你的屎才是生命的精華。那些很「酷」的人學會愛自己的屎——他們樂於談它、分享它、讓它出來透氣。他們不把屎掩蓋起來，他們明白自己犯的錯，最重要的是，他們勇於認錯。

世上的偉人之所以成為偉人，正因他們接受自己的「屎」。是屎成就了他們。

少在臉書上裝門面了！到處都是光鮮亮麗的笑臉，彷彿我們都是好萊塢大明星似的。你的屎到哪去了？你的痛苦和憤怒到哪去了？你的失敗、罪惡、缺陷和汙點到哪去了？是這些「屎」讓你真實，你大可用它們來布置你的房子，唯有如此，你的房子才是獨一無二的房子，因為它反映了真實的你。

真實一點吧，人生在世要愛自己的屎。

耶穌說了：「你們當中誰沒有罪，誰就可以第一個拿石頭砸她……」

祂說的一定就是這個意思。

喜悅

每天早起是我最愛的習慣之一。一起床我就去慢跑，如果跑到海邊，接下來我就會游個泳，不分季節，游泳讓我找回青春活力。

無論人在何處，我都保持一樣的習慣：早起、慢跑、游泳、呼吸練習、靜坐、寫日記、閱讀、做好事、吃得健康、樂於分享……

昨天，神聖的晨間例行作息過後，我人在海邊。通常這麼早的時候那裡都沒人，但昨天例外。有一位青春洋溢的美麗女子在玩水，就像我的小女兒一樣，她會跳進海浪間隨波逐流。當她迎著風時，一頭濕髮閃閃發亮，她看起來心情很好。我看得入迷，看著看著，我聽到歌聲，便轉頭去找音響在哪裡，但沒有什麼音響，原來是那名女子在唱歌。她一邊玩水，一邊陶醉於自己哼唱的歌曲裡。我潛入水裡，但等浮出水面時，她已經不見了。

今天，我跑得比較久一點，比平常晚到海邊。她又出現了。這時，她已游完了泳，腰間繫著一條很適合她的紗龍裙。她從我身邊走過，我倆對彼此微微一笑。近看她的五官，我發現她臉上有著深深的皺紋。原來，這位我以為大概四十歲的女子少說有六十歲了。她漸漸走遠，我坐在那裡，看著她健美的體態。她每走一步，在沙地上留下的足跡就彷彿一個個亮了起來，像麥可・傑克森的音樂錄影帶一樣。

喜悅藏在心裡，

只是你必須找到它。

喜悅就像金子，挖得越深就找到越多。而且，它會常保你的青春、快樂和強壯。就像那名青春永駐的女子，她就彷彿找到了青春之泉。喝下泉水，你就能征服世界，只要你有愛。

上帝想要藏一件寶藏，不要讓人類找到。一開始，祂打算藏在山之巔，但祂心想可是人類有可能登上山之巔。接著，祂考慮藏在深海底，但祂又想可是人類也有可能潛入深海底。祂重新考慮：「不然我藏在地心好了！」人類永遠到不了那裡。但祂隱約覺得很難說，人類說不定有一天也到得了地心。最後，祂心生一計：「不如就藏在人類心裡，他們永遠想不到要往那裡去找。」

你的心就是你該去挖寶的地方。

愛

他們並肩坐在一起，距離我幾桌之遙。正午時分，我在我最愛的小餐館。他們一邊說著話，一邊靠得越來越近。我很久沒看到那種表情了，他深情款款地望著她的眼睛，一手輕輕拖著她的脖子，把她拉得又更近了。她沒有縮回去，他倆的嘴唇沒有碰在一起，但兩人的距離如此之近，你不禁覺得下一秒他們就會像磁鐵般黏在一起。他玩著她的頭髮，用手指梳了又梳，將一根鬆掉的髮絲塞進她耳後，把她的瀏海撥到一邊。他的眼裡滿是濃情蜜意，她的眼波也是柔情似水。我忍不住一直偷看，既羡慕又嫉妒地為他們高興。一會兒過後，他們挽著手離開了，就連狹窄的人行道也不能拆散他們。

我不斷回味那副眼神，那副射出火花的眼神。這叫愛，而愛會帶你到任何地方。愛不只讓你和伴侶結合，也讓你和一切融為一體。愛是最佳香料，它讓美味的食物更美味。愛是放大鏡，它將陽光聚焦，引燃任何物質。**愛是最有力的武器**。

愛是你對你的終生職志的感覺，愛是你起床的原因，愛讓你對自己擁有和沒有的一切充滿感激，愛存在於你對一盤美味食物的感激中。愛是當你看著鏡中的自己、覺得很喜歡眼前所見。愛是你衝過去幫助一個陌生人時的感覺，愛是撿起地上的垃圾，即使那不是你丟的。愛是說好話，並且比聽你說這句話的人還高興。愛是從事個人嗜好時的感覺，愛是電影中發生神奇之事時的光芒特效，只不過愛不是特效，而是真實的。

是愛讓地球轉動。

是愛讓你青春永駐、永遠幸福。

愛是你存在的原因。

坐在這裡浮想聯翩時，我看見一位可敬的老人，拄著枴杖舉步維艱地步上階梯，走進餐館。他穿得很體面，漿挺的襯衫搭配熨出一條完美直線的褲子，頭髮往後梳，抹了油亮的髮油。我認得他，他是老闆，五十年前開了這間小餐館。他沒有一天不來這裡報到，他有專屬的桌子，總是坐在那裡休息，枴杖靠著椅子而放，驕傲地環視一手打造的餐館，眼裡閃著喜悅的光芒。

我看過這種眼神——那種能帶你到任何地方的眼神。

這叫愛。

高分

近來我常到各地奔走，參加自我成長工作坊，以實現我自己的願景——將人生價值課引進到希臘的幼稚園和小學。

我越是深入探究這件事，這件事就變得越容易。你的活力就是你的生命，越是善用自己的活力，就會活得越好。就像在電玩裡，你有三座大砲，每座大砲底下都標示了代表生命值的「能量條」。你每做出一個愚蠢的舉動，能量就會減少一格。當大砲底下的能量條歸零，你就失去了這座大砲。好消息是你也可以贏得更多的能量和大砲，只要你遵守遊戲規則，採取明智的舉動。

人生中有兩種情況，一種你可以控制，一種你不能控制。每次為了不可控制的情況浪費時間，你的能量就會流失。以搭飛機為例，規畫旅程、選擇航班、訂機票、打包行李是你的工作，天氣如何、機師是誰、會不會墜機則不歸你管，擔心這些事只會消耗能量而已。

擔心別人的想法也不是你該做的事，你所做的揣測和編織的可能情境都只是浪費精力，自己怎麼想才是該關注的重點。

批評別人或道人長短都會消耗能量，而且是消耗掉大量的能量。叫苦、嫉妒、生氣、怨恨及其他諸如此類的行為也一樣。這就像自己服毒卻希望他人死去，你以為自己只是在發洩而已，殊不知這股負能量到頭來會將你擊垮。到處跟人說你的問題對你沒有幫助，要就直接面對問題，更別提你大可找專業人士聊，否則你遲早都要去醫生那裡報到，找專業的聊可比看醫生划算多了。

吃垃圾食物、看太多電視、睡眠不足、在社群媒體上花太多時間、反覆訴說同一件事都會消耗能量。抱怨你的母親、男友或女友，抑或抱怨總統，全都只會耗損你自己的能量，無損於我或總統的能量。

墨守成規、故步自封，也會扼殺你的生命力。一開始還不明顯，但等你到了四十好幾或五十好幾，就會覺得真是受夠了自己，困在例行公事中是一種緩慢而痛苦的死亡。才華要用出來，而不是囤起來，若不一展長才，空有一身好本領只是令人感到莫大的痛苦而已。有一天，你會發現自己少了一座大砲，還想不明白是被誰偷走了。

毫無意義的左右為難也很要命，只不過是以不同的方式要你的命。

那天，我無意間聽到一男一女的對話。男的在稱讚電視上某一臺的社會責任節目，女的說可是有很多值得一聽的倡議都沒人知道，他倆就這樣你一句、我一句地爭下去。我不懂的是：明明可以兩者兼得，為什麼要二選一呢？我們可以歡迎來自任何地方的善行。不健康的成見讓世人分裂，而且有損你的生命力。

相形之下，有一些簡單的事情就能提升你的活力，助你贏得那些「大砲」。這些事情你通常不會注意或不屑一顧，例如說「請」和「謝謝你」、讓座（尤其是讓給陌生人）、為你最好的朋友安排驚喜、幫助窮困的街友，而且你有沒有錢不重要。說好話，這也是愛的產物，它們讓你覺得有理由活在這世上，因為你之所以在這世上，真的是有理由的。

笑吧！即使沒有歡笑的理由。笑吧！令你展露笑顏的理由就會出現，抬頭挺胸站直了，這是贏得「能量」的辦法。能量條不會立刻亮起來，但它會在出乎意料的時候憑空出現——從哪裡來的不是重點，那是別人的工作，你要做的只是抱持信心。

有必要時就說「不」並設下界線，這麼做不會為你贏得能量，但可以保護你既有的能量。先關心自己怎麼想，再關心別人怎麼想。小時候，大人跟我們說這樣沒禮貌，但這不是沒禮貌，而是保護自己。這麼做對別人也好，因為這樣他們就知道什麼事該他們管、什麼事不關他們的事。

新近的科學研究發現，運動、休閒活動和積極的行動給你很多、很多的能量。活著就要動。動起來，內向和憂鬱就會退散，頭腦就會清楚，靈魂就會煥然一新。正確的呼吸方式也很重要——用腹式呼吸法，吸氣吸到肚皮鼓起來，深呼吸代表你活得深刻，當然也要多喝水。

專心做一件事，不要一心多用、一事無成。把手機所有的通知鈴聲關掉。雷射槍的能量若能集中在一點，牆壁就會被燒出一個洞，這就是專注的力量。大有作為的人都有一個共同點：他們知道要把注意力放在哪。

還有一件事能讓你立刻獲得大砲，超神奇的。

那件事叫做「感恩」。

為一切感恩。

為你擁有或沒有的工作感恩，為你擁有或沒有的孩子感恩。你知道人在微醺之際是如何對全世界充滿愛吧？感恩就像那種微醺的狀態，只不過沒有酒精的催化。如果你身體健康、家裡有一張溫暖的床鋪可躺，那你尤其要感恩。一切都會水到渠成——前提是採取行動，而不是只顧癡心妄想。

不記得我在哪裡讀到過，有句話說：「健康是每個人頭上的隱形皇冠，只有失去的人才看得見它的存在。」所以，閉上眼睛，一一致上謝意，你知道自己該感激的有哪些。

每天讀一點書，每天進步一點。寧可跳過一餐不吃，也不要跳過一天不讀書，閱讀是靈魂的氧氣，它讓你的「大砲」威力無窮。

做這些事，你的電玩就會獎勵你，你會得到無限的生命，這才是你在這裡的原因，你在這裡可不是為了「Game Over」。

而是為了拿高分。

準時

英國人以準時出了名。我在英格蘭住過，但沒學到準時的精神。即使有三小時可準備赴約，我還是會遲到十五分鐘，不多也不少，我倒是一向遲到得很準時！我想，任何跟我約見面的人一定早就料到了，他們會自動把約好的時間多加一刻鐘。

許多人都曾向我指出這個討人厭的壞毛病，但我活在自己的世界裡，覺得他們未免太小題大作了。然而，**你怎麼看待小事，就會怎麼看待大事，這也是骨牌效應的一種**。如果你跟人約會不守時，那你在工作上可能一樣靠不住。如果你在工作上靠不住，那你在感情上就也不可靠。如果你在感情上不可靠，那你如何能信賴自己呢？你就是靠不住啊！

我看到有人不繫安全帶，有人不在前一晚先把手機充好電，有人邊開車邊講手機、兩手都很忙，有人邊走邊吃，有人不把該做的事安排好，有人毫無節制、暴飲暴食。本質上，你等於是公然在向自己宣告：你混蛋，你不配，你不配得到信賴、金錢、成功。小事打折扣，大事就也做不好，道理就是這樣。一年到頭，你的商店櫥窗上都掛著大大的打折招牌，結果隔壁店家總是生意比較好，你還在那邊納悶為什麼。

我的人生導師曾說：「遊戲是由你來為自己設計的。」你是發牌的人，也是玩牌的人。你是荷官，也是賭客。要學會把你手中的牌打得更好。

學會把你的人生掌控得更好。

學會把自己掌控得更好。

我的小女兒也曾這樣告訴我。一天晚上，我們在刷牙，她說：「爸比，我不想摳鼻子，可是我的右手自己就會去摳我的鼻子！」

別讓你的手為所欲為。

你不是六歲小孩。

偉人

我們在聽電影《往日情懷》的原聲帶，於是聊到傑出的男演員勞勃·瑞福。不管是《天生好手》《遠離非洲》《黑獄風雲》，還是《桃色交易》，他的電影都有一種魔力。

他現在八十好幾了，但還是很引人注目。朋友跟我說起他為電影新人辦的年度日舞影展，他想幫跟他一樣的人圓夢。他有願景和熱情，而且非跟人分享不可。

最近，我看到尼克·加利斯登上籃球名人堂的訪談，他是一個人格高尚但不多話的人。畢竟，他不必多說什麼——在場上和場外，他都是一個傳奇人物，或許是歐洲有史以來的最佳籃球員。他穿著一身雪白的西裝、繫著黑領結步上領獎臺，發表了三分鐘令人難忘的感言。他談到在塞薩洛尼基的街道上，有一位女士朝他走來。一開始以為她是來要簽名的，但她卻一把將他抱住，謝謝他救了她兒子。她兒子本來是毒蟲，直到希臘贏得歐洲籃球錦標賽冠軍。受到加利斯啟發，她兒子戒掉毒癮，效法加利斯成為籃球員。加利斯謙虛地說：「這是運動員對社會最大的貢獻了。」全場起立為他熱烈鼓掌。

接著，我想起另一位傳奇籃球員揚尼斯·安戴托昆波，他最近剛簽下百萬美金的合約。

儘管受到媒體如此矚目，他仍不改其志，每天勤於練球，在場上和場外都做了很好的示範。到了連美國總統都談起你的時候，你還是跟菜鳥時期一樣謙虛、一樣謹守本分，你就是一位不折不扣的偉人了。

所以，有些人不只是好人，而是偉人，沒人要求他們做這一切，沒人逼他們設下這麼高的目標。你看到他們堅持不懈，擋也擋不住。他們總是在追求下一個高峰，絕不滿足於既有的成績。他們想要分享，想要把這個世界變得更好。他們這麼做不是為了錢，雖然確實賺到了錢，但錢不是原因。這就是偉人，當你找不到言語形容他們的時候，你就知道他們是誰了。

我最近參加了一場講座，講者給我們看他在南非一間男廁裡拍的影片，影片中的主角是清潔工，那場講座的講者一走進男廁，清潔工就熱情地跟他打招呼。他說：「歡迎來到我的辦公室！每天都有很多人來這裡，我想讓大家離開時比進來時快樂，這是我對他們的責任，這也是我為什麼盡力把工作做到最好。我仔細擦洗每一處縫隙，我熱愛我的工作。」他一臉驕傲地笑開了臉，就連他的眼睛都在笑。影片結束時，我熱淚盈眶，滿心感激有這樣的人存在，世上有這樣的偉人！**人不是生來就很偉大，而是後來才成為偉人的。偉大不偉大跟你做什麼無關，而是跟你怎麼做有關**。

就像男廁裡那位了不起的清潔工。

飛蛾

斑爛、脆弱、精巧。一開始，我看不太真切，但牠就在那裡，白得像雪，棲息在浴室窗戶上。牠們叫作飛蛾，或被暱稱為夜蝶。有時，牠們甚至比白晝出沒的蝴蝶還美。

宇宙間沒有中性的行為，每個行為都會造成影響，無論正面或負面，而這些行為首先就從內在對你造成影響。

假設你租房子住，你怎麼照顧這間房子、你搬走時它的狀態如何，都會有加分或減分的作用。如果它很乾淨，沒有任何損壞，那就是加分。如果它很髒又疏於照料，那就是減分。分數東加西加，你的總分就會提高。分數扣來扣去，你的總分就會拉低。有一天，你就會疑惑：「我的人生到哪兒去了？我是哪裡做得不好？是誰把我的人生偷走了？」想想你在租屋處留下的一片狼籍吧……

你亂丟垃圾、爭先恐後、擱置夢想、浪費生命、口出惡言、停止進步、妄下論斷，你沉迷於社群媒體、酒精、賭博和看電視，這一切都扣掉了你的分數。

你說好話、多讀書、與人切磋交流，你求進步、敢冒險、勇於突破舒適圈，你運動、吃得健康、助人、和團隊合作，你想法正面、面帶笑容、相信自己、把剩飯餵給流浪動物、為乾掉的花草澆水……這些都是加分。

加分立即見效，扣分亦然，你馬上就能感覺到，不需要坐下來算，甚至不需要在忙完一天後檢查收銀機。你內心深處就是知道，甚至在你做出交易之前就知道了。

你闖紅燈。你左看右看，確認沒有交通警察看到你，暗自竊喜。等等！你自己知道自己做了什麼，這就夠了，你已經為自己的價值和尊嚴扣了分。

不要活在別人的眼光裡，

而要活在自己的眼光裡。

今早，我沖了個澡。沖著沖著，我看到那隻飛蛾在水裡撲翅掙扎，我不小心沖到牠了。我覺得很內疚，拿紙巾將牠擦乾，還放了點糖給牠吃，我盡力挽救牠的性命。加分！最後那隻飛蛾活過來了。

了不起喔？宇宙間少一隻飛蛾有差嗎？

對我來講有差。

施工班

二〇〇五年時，我們剛搬到新的辦公室。我的建築師朋友打造了一個很棒的空間，位於一棟辦公大樓的二樓，當時一樓還是空的。朋友對我說：「你最好祈禱樓下不要租出去，否則施工噪音可有你受的。」

我告訴他：「已經租出去了欸，他們兩個月內動工。」

「嗚喔！」是他的第一個反應，也是我的第一個反應。

「可是，先等一等，米索斯，對方說不定不是什麼壞人，我們見見他再說。」我反駁道。

「門都沒有。從一開始就要立下規矩才行。施工一定會很吵。你一定要堅持他們先裝隔音板，免得影響你工作。」

「等等，米索斯，我們先跟他談談看。」

「這件事你得聽我的，我太了解這些人了，跟他們沒有商量的餘地，你得給他們一個下馬威。」

我甚至還沒找到時間下樓，工頭就上樓來找我了。工頭名叫柯斯達斯，只見他滿臉笑容，是個勤快的老實人。他不只親自登門拜訪，還從麵包店買了些甜甜圈過來，歡迎我搬進這棟大樓。

我們聊了起來。打從一開始，我們就直呼彼此的名字，我把我朋友的擔憂說給他聽。

「別擔心，史戴凡諾斯，一樓的工程不大，大工程主要在地下室，你這一層不會有噪音的問題。萬一吵到你們，儘管來找我。」

我朋友說的「堅持」二字在我腦海迴盪。我把它揮開。

一年後，柯斯達斯是我結識的大好人之一，辦公室同仁常去他的車廠修車——價格合理，服務一流。與其說他是我朋友，不如說他是我兄弟。

不要先入為主，不要聽腦海裡的雜音。每個案例都是獨一無二的，情況各不相同。當你自以為很懂的時候，結果往往會證明你想錯了。

走出你的牢籠，看見美、看見愛、看見人情。活得自在，把格局放大，宏觀的視野會讓你看到一切。

話說有個人在機場的候機室讀報，他手邊放了一盒餅乾，旁邊坐了一名女子。這名女子突然伸出手，問都沒問就兀自拿了片餅乾來吃。讀報男瞄了她一眼，但沒說什麼。一會兒過後，她又拿了一片。他還是默不作聲，但心裡開始不高興了。他拿一片餅乾，她也拿一片餅乾，兩人如此這般繼續下去。讀報男吃得一肚子火，現在只剩最後一片餅乾了，而那名女子竟厚顏無恥地轉頭問他：「最後一片你要嗎？還是我可以把它吃掉？」讀報男抓起餅乾盒，氣呼呼地走了。登機後，他坐在他的位子上，打開包包想拿本書來看，讓情緒冷靜一下。這下可好！他發現自己的餅乾整盒原封不動地在包包裡。從頭到尾，他吃的都是那名女子的餅乾，而她不只沒說什麼，還把最後一片給了他。

切記先入為主的結果是什麼——你不只害了別人，也害了自己。

永不放棄

你有你的問題、我有我的問題，每個人都有自己的問題。這是人生的一部分，只要活著一天就有問題存在，重點是你拿這些問題怎麼辦，人之一生盡在於如何解決問題。

有些人只是坐視問題不管，一味抱著正面樂觀的心態。他們說問題遲早會解決，而那該死的問題並不會自己消失不見。單單抱著正面樂觀的想法，非但不能如你所願解決問題，最後的結果反而會證明你是錯的，你的樂觀只會換來失望。「希望」只是地基，地基不會自己變成一棟建築。我是這方面的過來人，我在希望系取得優異的成績，在行動系卻不及格——這是為人帶來失望、挫敗、憂鬱和疾病的完美組合。

再來還有拚命跟問題搏鬥的人，他們艱苦奮戰，一連數小時在人生的健身房揮汗，還跟健身房裡的設備生氣，那些單槓怎麼拉都拉不彎。單槓越是拉不彎，這些人就越是要跟單槓生氣。對他們來講，人生是一場永無止境的苦鬥。

有些人早就放棄了，他們任由船隻在岩石間擱淺，問題越積越多，像堆在地上的髒衣服。人生只是一條黯淡無光、沒有盡頭的死巷，他們有很多的憤怒，卻不可能試著去改變，我有個朋友就屬於這種類型。

有一天，我向他提議道：「我們一起去上自我激勵課吧！」

他回道：「我寧死也不去上那種課。」好吧，你說了算。

還有一些人看得更深入一點，不只是說說而已，他們不停解決問題，把地基蓋成大樓，總是在思考如何還能做得更好。他們不怕犯錯，萬一有一塊磚頭砌歪了，就把磚頭拿出來，重新放正就好了。磚頭歪了不是世界末日，水泥凝固了才是世界末日。他們也上健身房，但不會拚過頭——一天半小時也就夠了。這些人熱愛人生，人生也熱愛他們。

無論屬於上述那一種類型，你都有你自己的組合，正如同任何一個保險箱，有的密碼是三位數，有的是四位數，有的則由十四個數字組成。每找到一個號碼，轉盤就會發出喀搭一聲。慶祝之餘，你也會有找出下一個號碼的靈感。而你越是去找，找到的就越多。

話說，土裡有兩顆種子。一顆說：「我要長高，我要把頭從土裡探出去。等著瞧，我做得到！」於是它長了又長，就算碰到石頭和雜草，它還是樂觀進取、勇於向上。最後，它真的做到了。

另一顆種子抱怨道：「我還要往上推多久？這些石頭和雜草有完沒完？永遠都會有這些障礙來擋我的路嗎？」它嘟囔不休，雖然往上長了一點，卻長得力不從心。長著長著，它累了。最後，它說：「我再也受不了了。」就在只差一公釐便能看到陽光的地方，它放棄了。

堅持到底，永不放棄。

你永遠不知道是不是只差一顆小石子，就能破土而出迎向陽光。

多走一哩路

時值九月，我在愛琴海的阿莫爾戈斯島。從水質清澈的海裡游泳回來時，我注意到一塊聖喬治．伐薩米提斯修道院的路牌，決定去那裡看一看。

修道院給人的第一印象很深刻，它小巧袖珍，乾淨得發亮，漂亮得像娃娃屋。致意過後，我受邀到小小的接待室，修女招待我一大杯冰水和一盤土耳其軟糖。我注意到牆上美麗的聖像，便問修女這是誰畫的，修女說是院長艾琳，她也在這裡主持儀式。我等不及想見見院長，修女說她在外頭澆花。

院長還滿年輕的，明亮的眼睛炯炯有神，充滿對生命的熱愛，渾身散發活潑開朗的氣息。我得知她是六年前從雅典搬到阿莫爾戈斯島，她看中這間與世隔絕的修道院，深深愛上了它，便為它拋下了一切。修道院本來已經關閉了三百年，直到艾琳院長重新讓它活了起來，把它變成人間天堂。她種了三十棵樹，餵養二十多隻貓咪，幫這些貓咪結紮也打了疫苗。她是日出而作、日入而息的行動派。從早到晚，她都以溫柔的愛與關懷打理這間修道院。活力充沛、積極進取、能幹又開朗，她是值得效法的表率。

瞧，有些人不只全力以赴，而且還多做一點。管它是希臘、美國、撒哈拉沙漠，還是月球上，無論他們人在哪裡都注定要成功，他們非成功不可，就像你不能阻止太陽升起。

沒有人指引他們，他們走自己的路。他們蠢蠢欲動、躍躍欲試，不讓自己休息。無論是在辦公室辦公，還是有什麼計畫要忙，他們一早就從床上跳起來，迫不及待去上工。他們的腦袋不斷冒出新點子，靈感滿到非跟人分享不可。你要他們做到十，他們就做到一百。你要他們做到一百，他們就做到一千。當他們帶給別人快樂，他們自己甚至更快樂。

或許是帶著笑容和一瓶冰水等著接你的計程車司機，或許是收入微薄但做起事來卻像在賺大錢的小職員，甚或是回收紙箱、把紙箱堆得像藝術品的巴基斯坦清潔員。多數人都不懂，他們做這些事不是為了得到讚美或金錢，而是為了自己。那是他們的氧氣，一旦被奪走，他們就活不下去。

英雄不假外求，

你就能當自己的英雄。

艾琳院長就是她自己的英雄，我很確定。

分享

雖然不算老朋友，但他是個好朋友。我們認識還不到十年，但對我來講，他就像兄弟一樣。他喊背痛已經喊好一陣子了，我終於成功說服他去游泳，像我一樣，全年無休。那天，他打電話給我，甚至還沒開口說話，他就先笑了出來。「兄弟，你知道嗎？我的背痛全好了！現在，我太太也開始和我一起游泳了，她超愛的。」我聽了高興極了。之前也是別人建議我全年無休去游泳，這個建議也改變了我的人生。

今早晨跑時，我碰到了十來個跑友，我總是會向這些跑友道早安，觀察他們的反應很有趣，一位女跑友則是遠遠地就向我喊了一聲早安，有個人懷疑地看我一眼，直到跑遠了才給我回應。前幾天，我曾跟一個隨身攜帶鑰匙的跑友開玩笑，他一邊跑，鑰匙一邊在他口袋裡叮噹響，今天他向我打手勢，表示他把鑰匙留在車上了。另一位女跑友則是從頭到腳把我打量一遍，最後才勉強露出一絲笑容。

有些跑友笑得很優雅，彷彿他們在跟女王喝下午茶；有些跑友則是縱聲大笑，笑得彷彿沒有明天；有些是兩個人一起跑，於是我得到了雙倍的笑聲。還有一位跑友笑得很拘謹，我覺得他應該是英國人；有個愛開玩笑的跑友每次都故意衝到我面前再閃開，我覺得我們遲早會撞成一團。就像生命中的彩虹光譜一般，每天早上我都收穫各式各樣的笑容與早安。

即便只有一個人說你讓他的人生不一樣了，你的人生就值得了。

分享是魔法，什麼都能拿來分享：一本有趣的書、一個實用的習慣、一句好話、一聲早安、一抹微笑。當別人需要你的時候，和他們一起分擔痛苦；當別人幸福快樂的時候，跟著他們一起高興。擁抱、拍背、牽手都是你活著的理由。美國作家和勵志演說家吉格．金克拉說：**「只要幫助別人得到他們想要的，你就會得到你在人生中想要的一切。」**

幾年前，一位演說家來訪希臘，他在資訊科技的領域是個大人物。他也是晨型人，天亮前，就到雅典奧林匹克體育場跑步了。後來，他跟我們分享那裡的日出有多迷人，他很陶醉，但覺得：「似乎少了什麼，因為沒有人跟我分享，真希望我太太也在那裡。」我還記得，他說著說著眼眶就濕了。

我們的眼眶也濕了。

不要一心多用

為了一起去辦一件事，我去接我一個很好的朋友。我們要順路去找另一位共同的朋友拿文件，她很久沒見到他了，他們很期待聊聊近況。

於是，距離他辦公室不到一分鐘的車程時，她的手機響了。她在包包裡翻來找去，手機一直響個不停。最後，她終於找到手機了，匆忙間卻沒來得及滑開綠色的按鈕，等到她接起時，對方已經掛斷了。沮喪之餘，她立刻回撥，對方卻在忙線中。想當然耳，對方也在試著打給她。她掛斷不出兩秒，就收到一封簡訊說她有未接來電。她等了幾秒鐘，再試一次。對方也一樣，他們不約而同打給彼此，這又讓她收到一封簡訊。

此時，我們已經抵達那位朋友的辦公室了。他出來迎接我們，他倆熱情擁抱完就聊了起來。聊著聊著，她的手機又響了。老戲重演：她忙著在包包裡翻找，忙著滑開綠色按鈕，這次比較順利了點。過程中，她朋友就在一旁等她把話說完。她很快講完掛斷，但已經忘記剛剛跟朋友聊到哪裡了。我們三人一起努力回想，但這時我們也該離開了，她只好說了再見。看著這灰頭土臉的一幕，我差點忍不住笑了出來。

手機有一個很棒的功能，叫做「靜音模式」，那也是最好用的功能。和她很期待的朋友見面聊天時，如果用了這個功能，她就可以等到聊完再回電給另一個人，一切就都會很順利。她本來可以專注在當下，但是她沒有，就彷彿她把自己的氣球戳破一個洞，所以怎麼吹都吹不飽。人就是這樣，這也是為什麼我們既做不好大事，也做不好小事。

我們沒學會**保護自己的注意力和精力**。

這世上的偉人莫不是以性命守護這兩樣東西。

我有一位朋友熱愛深海潛水。事實上，他是我最好的朋友。他可以潛到真的很深的海裡，我看過他是怎麼潛水的。他像海鰻般在水裡悠遊，不會勉強自己，也不做不必要的舉動。他省下自己的專注力和精力，省下自己的呼吸。當他置身於深海之中，其他的一切都不存在。

在我看來，這是樂活的不二法門。活得就彷彿其他的一切都不存在。

船難

我在等兩位非常要好的朋友來吃晚餐。我們三人很不一樣——個性不一樣，職業不一樣，人生觀也不一樣，但又有著非常相似的地方——我們感受人事物的方式一樣。這點相似之處大概就像音樂家所謂的高音吧，是這些高音為曲子賦予了靈魂。

我們立刻就打開了話匣子。今晚聊的是「運氣」：那些成功人士憑的只是運氣嗎？他們是不是有自己的祕密護身符？運氣這種東西真的存在嗎？還是你能創造自己的運氣？如果真有運氣這種東西，或許它只屬於少數的幸運兒？當你的人生跌到谷底、你的孩子吃不飽穿不暖，還談什麼運氣不運氣？

我們三人分成兩個陣營。兩個人先說，第三個人聽了提出異議；接著再換先說的兩個人聽第三個人說，這正是一場精彩對談的完美條件，我們聊了許多，也確實談得很精采。簡而言之：

人不是生來就走運或不走運，

努力就是在為自己創造運氣。

遇到難關是必然的，但人生給你的考驗越多越好。所以，祕訣是什麼？永不放棄。如果你跌倒七次，那就站起來八次。而且，把風涼話當耳邊風就對了，不要聽那些「不行啦」和「不可能啦」，堅持下去。許多偉人都對風涼話無動於衷，像是愛迪生、迪士尼、愛因斯坦和賈伯斯。

然而，獲致成功是有規則的，而且規則還很多，即使你不愛聽，光聽就令你頭暈。比方如果想成為某方面的行家，你就得苦練一萬個小時，如果一天練三小時，那就是要花十年的功夫，怪自己出身不好比下苦功容易多了。假設你想養成一個新習慣好了，或許是早起、運動或讀書，你的身體要連續花六十六天去適應，才能習慣成自然，這可不容易，我們通常第二天就放棄了。

又比方你真得勇於冒險才行，否則你這一生也等於玩完了。畢竟，**你沒什麼可失去的，試試又何妨，就算不成功，你還是贏家，因為你學到了經驗**。不要怕犯錯，要愛自己犯的錯，它們都是人生經驗的一部分。

最後，我們的談話以尼可斯．卡山札基《拯救神的人》當中的一句話作結：「我們的身體是一艘行駛於汪洋大海上的船隻，航行的目的什麼？就是為了遇上船難！」

海邊晨跑

今天起了個大早，卻不太有跑步的心情，但我已經和自己約定好了。我大可改變主意，畢竟我只是要去晨跑而已。但現在我知道，堅持完成小事就是在為完成大事做準備。

本來打算沿著海邊跑八公里，跑到六公里時一度想放棄，反正也沒人知道。但我沒有放棄，因為想遵守和自己的約定。最後，不只跑完預定的八公里，還多跑了五百公尺，實踐諾言的感覺好極了。

跑著跑著，我碰到施工路段，噪音穿腦、塵埃漫天，一時覺得很心煩。「特別來海邊跑步吸廢氣？」本來有可能以惡劣的心情結束晨跑，但我把注意力放在陽光、大海和清新的空氣。讓前一百公尺毀了後面的七千九百公尺，豈不是太可惜了？我才不要，專注是關鍵。

路上，我碰到一名可愛的中年男子，他在練習快走。我向他道早安，因為我現在知道人情味的重要，我知道這聲「早安」會為我帶來愉快的一天，結果證明確實如此。對方給了我善意的回應，他那聲「早安」清晰又宏亮，就跟他的笑容一樣真誠，令我如沐春風。

跑步時，我邊跑邊聽《經濟學人》的有聲書，所謂一石二鳥，我總是趁跑步時掌握時事。對我來講，持續進步很重要，我每天都要進步。

最後，我來到沙灘上。就在這裡，我退縮了一下。天氣晴朗，但由於正值隆冬，海水很冰。我頓了一頓，最後還是決定縱身一躍。我選擇忍耐幾秒鐘，換來接下來更美好的一天，因為我知道游個泳能振奮精神。我們往往選擇走輕鬆容易的那條路，因為不想忍耐一時的不適，殊不知那不見得是正確的出路，一時的忍耐，往往能帶來不同的結果。

我不是生來就懂這種道理，在家或在學校也沒學過，而是長大成人之後，歷經漫長的職業生涯才學到的，但這就改變了我的人生。還記得小時候，總覺得自己有哪裡不足，總是等著被人選上，從不主動做出選擇。記得自己老是抱怨，而且腦海中老是盤繞著「為什麼」，為什麼人生對我這麼不公平？因此自己大半輩子都不快樂。

那段歲月裡，我很痛苦，但我甚至渾然不覺，因為痛苦和我已合而為一。最後，我找到辦法，改變了自己的人生。我不是什麼天之驕子，常常達不到自己想要的目標，但就算失敗了，我還是會像那首兒歌唱的一樣：「一試再試做不成，再試一下。」並從我的錯誤中學習。夜裡，當我看著鏡中的自己，我知道我看著的是一位朋友，而不是一個敵人。俗話說：「每個問題都是一件禮物。」但多數人甚至還沒打開來看就把禮物丟棄了，我已學會打開生命的禮物，還有一句話是這麼說的：

「不要希望問題變少，而要希望能力變強。」

這話說得對。

神奇眼鏡

我決定買一副新的太陽眼鏡，因為舊的已經解體了。想找同樣的款式，但他們不再生產了。說到眼鏡，儘管我是個保守派，驗光師還是成功說服我試試新的偏光眼鏡。他笑著說：「這種眼鏡超神奇的！」戴上新眼鏡之後，我們一起走到外面去，讓我試看一下。還真的很神奇，我看見了以前看不見的東西。

於是，今天我去機場接兩個女兒，她們去度週末連假了。我喜歡提早到，在機場看看人。時間是星期天晚上，入境大廳很擁擠，有些穿著西裝的人拿著A4大小的紙板在等客戶，紙板上的名字有的是用印的，有的是用麥克筆寫的。在我前方有兩個女孩，就跟我女兒一樣是金髮，她們穿著一模一樣的服裝，我猜是雙胞胎。兩人掛在欄杆上晃啊晃的，她們在玩，但其中一人時不時就「不小心」踩到另一人的腳，彼此就會爭執一番，但很快又玩在一起了。在稍遠一點的地方，兩名心情愉快的男子在等人，手中各自拿著一朵花。

各式各樣的人穿過入境大門——有黑有白，有老有少，有希臘人，有外國人，有些獨自一人，有些成雙成對，有些一副滿不在乎的態度，有些顯得小心翼翼，有些面帶笑容，有些眉頭深鎖。我等了一會兒，有個臭臉男穿過出口，還有個人通過自動門之後試圖折返，航警緊張地把他帶出來，設法用破英文向他解釋規定。就在這時「雙胞胎」的母親出現了，兩個女孩衝進她懷裡。她蹲了下來，母女三人抱在一起。我旁邊的女士發出「哇」一聲的讚嘆，我跟她相視而笑。接下來是兩名獻花的男子在等的一對男女，事實上，來接機的還有另外兩個人，第三個人舉著這對男女的名牌，第四個人負責拍攝整個接機畫面。為首的兩名男子把玫瑰釘在印有希臘國旗的心型卡片上，收到獻花的兩位朋友頓時捧腹大笑，他們六人旋即抱成一團。

接著輪到我了，兩個女兒拿著巨大的紙飛機衝進我懷裡，輪到我們三人抱成一團。我三天沒看到她們了，感覺竟像永遠那麼久。她們彷彿又長大了點，而且甚至更漂亮了。我們緊抱彼此不放，小女兒率先掙脫，要我把她扛在肩上，我故意說：「才不要！」說完卻眨眨眼睛，一把將她扛上肩。她像握著韁繩般扶著我的耳朵，指揮我們走出去。

我很高興買了那副神奇眼鏡。

它讓我看到以前沒注意的東西。

你倆

你不只有一個，而是有兩個，我花了好多年才明白。一旦明白過來，我的人生就改變了。

我早該說說這件事的，但不知為什麼一直擱置下去。我有個朋友名叫克莉絲汀娜，幸好她提醒了我。那天，她打電話給我，我們總能和彼此聊些有意義的話題，不管是關於我們自己，還是關於孩子，關於人生。

「你知道我為什麼打來嗎？」她問我。

「為什麼？」

「我很高興，我是說真的。我打來告訴你，因為我知道你會懂的。史戴凡諾斯，我終於學會為『自己』付出了。每天早晨，我帶自己去散步，一如對自己的承諾。就在一大清早，為自己充電半小時，接下來電力會維持一整天。還有，我也承諾一星期帶自己去一個美麗的海邊，坐在那裡放空，能放空多久就放空多久。望著藍色的天空和大海，讓那份藍藍進我心裡。現在，我懂得照顧自己了，我都不曉得怎麼跟你形容那種喜悅。我覺得和自己合而為一，我看著鏡中的自己微笑。我和自己的關係變好了，我和先生、小孩的關係也變好了。跟你說，我真的很高興。」

我屏氣凝神，笑著聽她說，深怕錯過一個字。

「我想繼續每天為自己付出，體認到自己是多麼珍貴。無論我為自己付出多少，它都會給我回報。」

你有你自己，我花了好多年才明白。別人也是這麼跟我說的，但以前我不相信。「自己」的狀況不好時，它不會抱怨，但一切都令你心煩意亂。「自己」的狀況良好時，它也不會告訴你，但你看到誰都充滿了愛，就像人在有點微醺的時候，只不過這不是酒精作祟。

你的人生就是和自己的關係，但這通常是最受忽視的關係。我們不照顧自己、我們說自己的不是、我們不認同自己。有時，我們甚至很厭惡自己。

姑且說「自己」是你的另一半好了，要是你整天對著另一半嘮叨，你們的關係會如何？對方早就把你轟走了吧？「自己」也是如此，只不過他沒辦法把你轟走，你們就像連體嬰，一生一世綁在一起。你把可憐的自己糟蹋得體無完膚，而他沒辦法告訴你。他不快樂，他陷入憂鬱，於是，你就帶自己去看醫生拿藥吃。他病了，你又帶他去看醫生拿更多藥吃。天可憐見，接下來他得了癌症，你就帶他去做化療。殊不知那可憐的「自己」不要醫生，他只要你給他一件東西，而且只有你能給。

那就是你的愛。

好好跟自己說話、對自己笑、把自己餵飽、給自己八小時休息時間、買書給自己、帶自己散步、陪自己散步、鍛鍊自己、和自己坐在一起、聽自己說話。他有好多話要告訴你，可惜他每次一開口，你就轉頭看電視、低頭滑手機，只聽一些噪音和雜音。

愛自己，就像他是你的小孩。

把他拉進懷裡，緊緊抱住。和他一起哭，或許他需要好好哭一場，哭沒什麼好丟臉的，哭是一種救贖。

你和自己，成雙成對攜手同行。

切記這一點，你的人生就會改變。

喔，不是，應該說你倆的人生就會改變。

電話

我跟她好一陣子沒聯絡了，很高興我的來電顯示出現她的名字。

「喂？妳好嗎？」我問。

「很好啊。」她說：「瞧瞧你，你真的走運了！」

如果有什麼事能惹惱我，那就是有人相信運氣這種東西。

「我沒走運。」我告訴她：「我的運氣是自己創造出來的，我很努力。」

「好啦，是啦，但幸運女神總是眷顧你。」

我們繼續聊了一會兒才結束通話，掛上電話之後，我坐在那裡回想我們的談話。

我沒告訴她，我每天早上五點起來，開創自己的人生。

我沒告訴她，每天天一亮，我就晨跑半小時，接著到海邊游泳，全年無休。

我沒告訴她，我每星期讀完一本書。

我沒告訴她，我每天看一則線上勵志演說。

我沒告訴她，打從二〇〇一年起，我就不看電視。
我沒告訴她，有多少個週末，為了參加座談會，我錯過和孩子相處的時間。
我沒告訴她，我自掏腰包到國外多少次，為了專程去聽最優秀的勵志演說家演講。
我沒告訴她，我為了了解自己、貼近自己的情緒，已經做了多少年的團體治療。
我沒告訴她，為了實現我的願景，我到希臘各地為教育界人士做了多少簡報。
我沒告訴她，為了保持身材，我是多麼注意飲食。
我沒告訴她，這些年來，我寫滿了多少本奇蹟筆記簿。
我沒告訴她，為了求知，我和朋友乃至於陌生人有過多少談話。
我沒告訴她，我花多少時間思考自己的目標。
我沒告訴她，多少個日日夜夜，我都把時間花在呼吸練習和靜心冥想。
我沒告訴她，有多少次，就算已經累個半死，我還是對著鏡子裡的自己喊話。
我沒告訴她，我還是會繼續努力做這些事，至死方休。

還有好多事，我都沒有告訴她。
或許因為這些事只有對我而言才重要。

你的夢想是什麼不重要，重要的是你有多想實現它。

等到有一天，旁人要你說明自己是如何成功的，又是抱著多大的熱忱做到的，不必告訴他們你為了達到目標都做了些什麼。

只要告訴他們，這不是運氣，而是你的努力。

放輕鬆

我找他看牙好幾年了，剛好我們的孩子都上同一所學校。有一天，我在開車時有他的未接來電，於是回電給他，是助理接的。

「可以幫我轉接尼可斯嗎？」

助理把電話轉接過去。「喂？史戴凡諾斯，我打給你是因為我聽說羅賓．夏瑪下星期會到倫敦。」羅賓．夏瑪是我最欣賞的作家之一，尼可斯知道我有多迷他。

「尼可斯，你不是開玩笑的吧!?」我興奮得頭都暈了。他答應把細節 email 給我，我則答應把夏瑪上一場自我成長工作坊的筆記 email 給他。最後，通話結束前，我們約好一起去散步。

我愛雅典的塞車，可以趁塞車時擁有一點獨處的時間、打幾通電話、安排幾件工作。

於是，我打給艾蓮妮，她是我的好麻吉之一。我很愛開她玩笑，因為她老是上當。一開始，她沒認出我的聲音。

「你是哪位？」

「我是大作家。」我一說完，我們雙雙爆笑出來。我們聊了一會兒，互相開開玩笑。通話接近尾聲時，她說：「你知道，這時間有些人得工作。」說著她又笑了起來。我們約好下星期六見面。

打完這通電話之後，我回去聽我最愛的演說家演講。聽這位先生講話，真的有讓我振翅高飛的效果。一會兒過後，我重新「降落」在擁擠的帕格拉提區。我要到銀行簽一些文件，銀行位於主要幹道上。我停車，從販賣機買了一瓶冰水，接著步入銀行。

我找到要找的人，她待人有禮，做事又很有效率。我坐下來，把身分證交給她，簽署了文件。不到兩分鐘，她就說：「好了，你可以走了。」

「這樣就好了？」我問。

「是的。」她笑答。

這些年來，我已決定要放**輕鬆——不是去過輕鬆的生活，而是處之泰然、輕鬆面對**。即使海很深、浪很大，我也樂於抱持開放的態度去冒險。現在，我偏愛在未知的水域游泳，但我不會勉強自己，我輕鬆看待。許多人以為人生就是要力爭上游，以前我也是這麼想的，自從決定擺脫這種想法以來，我的人生就變得順心如意。因為我決定輕鬆看待人生，人生就變輕鬆了。我笑看人生，人生也回我一笑。我擁抱人生，人生也擁抱我。說到底，這一切都是一面鏡子。

在銀行出口，一個陌生人笑笑地在玻璃旋轉門前等我，他問：「你要跟我一起穿過去嗎？」

「要！」我笑笑地說。「我們擠得進去嗎？」顯然可以，但我還是補問了一句。

「當然擠得進去！」他說。我很瘦，他也很瘦。

「保重！」臨別時，我對他說。

「你也保重！」

我爬上車，發動引擎，重新打開音響，聽我最愛的演說家演講，再度振翅高飛。

順風遨遊，輕鬆自在。

決心

我從一位身心靈導師的工作坊上聽到這個故事。

柏拉圖和蘇格拉底在古雅典的市集阿哥拉散步，柏拉圖問蘇格拉底：「老師，我要如何達成我的人生目標？」

蘇格拉底沒理他，逕自向前走。柏拉圖又問了一次，還是沒得到答案。走著走著，他們來到一個水槽前。蘇格拉底突然抓住柏拉圖，把他的頭按進水裡。柏拉圖嚇一大跳，試圖掙脫，但蘇格拉底硬是把他按住。過了一下子，蘇格拉底把他拉了出來，柏拉圖用力吸了一大口氣。

「老師，你瘋了嗎？我問你要如何達成人生目標，你卻想把我淹死？」

「當你像渴望剛剛那口氣一樣渴望實現目標時，你自然就會達成目標。」這位有智慧的老師告訴他的學生。

達標需要的是決心。

就算不是一開始就放棄，我們也可能基於各種原因半途而廢，我們想得到成果，卻不想付出必要的努力。我們對大紅大紫的好萊塢巨星欣羨不已，卻不知這些大明星都是為了夢想全力以赴的人。他們把夢想排在性命的前面，不畏艱難險阻一試再試。反觀我們這些庸庸之輩，想做歐姆蛋來吃卻懶得打蛋。

接下來是一個真實的故事。蘋果創辦人賈伯斯十八歲在找工作時，來到雅達利這家電腦遊戲公司的辦公室，當時正值雅達利的鼎盛時期，他告訴櫃檯說他想見公司總裁。

「你跟總裁有約嗎？」

「沒有。」

「那你就不能見他。」

「除非見到他，否則我不走，你們得把我抬出去。」賈伯斯兩眼炯炯有神地說，櫃檯只好打給總裁祕書。

「這裡有個瘋子堅持要見總裁，他看起來挺聰明的，總裁如果有五分鐘時間，不妨見一下這個人。」一會兒過後，總裁見了他，而且自然是當場就雇用他了。賈伯斯下定決心，非得到這份工作不可，沒有退路，所謂「決心」就是這個意思。

當你聽到「好吧，我試試」「希望囉」「但願可以」之類模稜兩可的話，別相信這個人，他做不到的。如果他說的是「什麼也阻擋不了我」「成功是攸關生死的大事」，這才是終將成功之人。**溫水煮不熟雞蛋，一定要沸水才行，你的心必須每天為了自己的夢想沸騰，除了一顆沸騰的心，當然，你還要積極採取行動。**

如此一來，你就會達成你的人生目標。

我的兩個女兒也懂這個道理。跟她們說完賈伯斯的故事之後，我問：「女兒啊，妳們現在懂得『決心』的意思了嗎？」

「懂！我懂、我懂！」小女兒說。

「那妳說說看是什麼意思。」

「意思就是對自己發誓絕不放棄。」

親愛的，妳真的懂了！

錯

我總是錯的，向來如此。不只是我，還有你，人皆如此。

乍聽之下，這很奇怪。但反過來想，這就叫做進步。以前的人以為世界是平的，實則不然，以前的人也以為地球不會動，但地球其實一直在轉動。

今天，你以為是這樣，確定是這樣，甚至堅信是這樣。但今天的你不知道明天會知道什麼、學到什麼、發生什麼。今天，你不知道自己不知道，但明天是你的良師益友，它會為你帶來知識、經驗和啟發。它會推翻你已知的，今天你知道的比昨天還對，但又不如明天來得對，更不如後天來得對，你知道的「不對」真的是一件壞事嗎？

指出錯誤是別人能給你的最佳禮物。所以，無須覺得受到冒犯。先聽聽他們怎麼說，為自己清出一塊腦內空間，容納不同的想法。說不定別人的想法跟你一致，但那又是另一回事了。為新的想法騰出空間，新的想法會照亮你、溫暖你、解放你、讓你不斷進步。

我有個朋友，妹妹結婚她很不高興，因為她認定新郎不是個好東西。我們都覺得新郎是很棒的人，新郎心裡只有她妹妹，婚後一定會讓她幸福的，事實也證明他做到了。我朋友花了好幾年才看見妹夫的好，因為他的好證明她的預測是錯的，而她希望自己是對的，我們都希望自己是對的，但到頭來，她比任何人都為她妹妹高興。

我還有一個朋友，他總是沒完沒了地抱怨政治、環境、工作……一切的一切！以前我會給他建議，解決的辦法就在他眼前，我不懂他為什麼看不到。後來我明白了，他不要解決的辦法，他要別人認同他、附和他。他的問題是他的玩具，他要的是我跟他一起玩，而不是找到解決的辦法。

總以為自己是對的，剛開始或許會讓你自我感覺良好，有點像嗑藥一樣，但接下來你會付出很大的代價。

小時候，大人教我們要相信自己是對的、為自己提出有力的論點、捍衛自己的想法、對自己堅信不疑。大人教我們：「你的錯處就是你的弱點。」大人沒教我們聽取不同的意見，也沒教我們懂得反思、學習、進步的人才是強者。

有一天，我的心靈導師問我：

「你想當一個事事都對的人，還是想當一個快樂的人？」

自己選吧。

只有愛

早睡，新的一天就從前一晚開始。

上床睡覺前拿出紙筆，把第二天規畫好。不要碰運氣，日成月，月成年，年成一生，人生只有一次，珍惜你的人生。

早起，一大清早就起床。如果心中的小惡魔叫你繼續睡，不要聽他的，學著跟他談判，務必做到你想做的。

好好做一頓早餐，不只為了你自己。

沖個澡，享受沖澡的時光，把煩惱拋到淋浴間外。

整理好服裝儀容。

看著鏡中的自己微笑，對自己說好話，你是自己最好的朋友。

無論你住在哪裡，至少出門散步或跑步二十分鐘，活動活動筋骨，為新的一天熱身。

邊走邊聽，你會從啟迪人心的路人那裡，聽到富有啟發的東西。

對你碰到的人微笑道早安，即使他們沒給你回應，他們有他們的理由。

觀察周遭的美，美無處不在。

懷著好心情去上班，即使你不喜歡這份工作。如有必要，不妨另謀高就，但只要還在這個崗位上就要敬業，敬業是對你自己的尊敬。就算待遇微薄，也要付出比酬勞多十倍的努力，這麼做是為了你自己。

早餐和中餐之間吃個點心，像是一顆蘋果或一根香蕉。來吧，這不難做到。

沒事多喝水。

深呼吸，把肚子凸出來，即使不怎麼雅觀。

把自己當成全世界最重要的人來照顧。

因為你就是，只是沒人告訴你而已。

每天找十五分鐘讀書，一天不漏。掛在社群媒體上的時間要有所節制，不要打開電視。說你沒時間是騙人的，時間是自己找出來的，沒人會給你。

深入挖掘、探問、閱讀，不要以為你的想法是不可動搖的鐵律。

帶自己出門，去看場電影，去任何你想去的地方。為自己營造愛自己、看重自己的感覺，人生就是你和自己的關係。

書寫，寫東西對你有好處，它為你的靈魂帶來安慰。

寫日記，寫下生活之美。一天當中至少有一百件美事，把它們寫下來，否則它們就會從指縫間溜走。我的心靈導師稱之為奇蹟，光是你能走能跳這件事就是奇蹟。寫下來，不要無視奇蹟的存在。

在筆記本上寫下你的目標，並時時更新、回顧、調整，這些目標是你的人生指南針。花時間和自己相處。別怕獨處，一個人不等於孤單寂寞。沒辦法獨處、總得開著電視或收音機不是一件好事。

結交良師益友，多多認識比你博學多聞的人。不要畏懼或嫉妒他們，他們會讓你更上一層樓，你會變成跟他們一樣厲害的人，眼光要高。

愛你的鄰人，但首先要愛你自己。你沒有別人，別騙自己了。你一個人來到這世上，也一個人離開這世界。你的孩子、車子、金錢都是生不帶來、死不帶去。

別擔心別人怎麼想，聽取他們的意見，但首先要傾聽自己的心聲。

不要講閒話，管好你自己的事，你唯一能控制的人是你自己。

多做好事，幫助旁人，尤其是你不認識的人。你的家人不只包括你的孩子。人人都是你的家人，這是快樂的不二法門，別無他法！

為別人的幸福而高興。

不要相信運氣，運氣要靠自己創造，明白這個道理，你的人生就會改變。

把每一天活好活滿。笑的時候就真心盡情歡笑，哭的時候哭，受傷的時候受傷，你不是瓷器，你不會碎掉。

答案都在你心裡。靜下來，關掉雜音，答案自會浮現，所謂的「神在你心裡」就是這個意思。

要用心，也要用腦。何時該用何者取決於你，就像一流的大廚知道何時該加鹽巴，何時該下胡椒。

每天求進步，直到生命的最後一天。

閉上眼睛，勾勒夢想。

只有「愛」裝得進你的行囊，不管是你付出的愛，還是你得到的愛。

只有愛存在。

只有愛。

Eurasian Publishing Group
圓神出版事業機構
用心與你對話・視野無限寬廣
圓神出版社
Eurasian Press

www.booklife.com.tw　　reader@mail.eurasian.com.tw

勵志書系 149

萬事皆美好：讓無數希臘人感受幸福的禮物書

作　　者／史戴凡諾斯・詹內奇斯（Stefanos Xenakis）
譯　　者／祁怡瑋
發 行 人／簡志忠
出 版 者／圓神出版社有限公司
地　　址／臺北市南京東路四段50號6樓之1
電　　話／（02）2579-6600・2579-8800・2570-3939
傳　　真／（02）2579-0338・2577-3220・2570-3636
總 編 輯／陳秋月
主　　編／賴真真
責任編輯／林振宏
校　　對／林振宏・歐玟秀
美術編輯／李家宜
行銷企畫／陳禹伶・林雅雯
印務統籌／劉鳳剛・高榮祥
監　　印／高榮祥
排　　版／莊寶鈴
經 銷 商／叩應股份有限公司
郵撥帳號／18707239
法律顧問／圓神出版事業機構法律顧問　蕭雄淋律師
印　　刷／祥峰印刷廠
2021年12月　初版

定價 310 元　　ISBN 978-986-133-800-2　

Printed in Taiwan

人生是你和自己的關係，你總是隨身攜帶著自己。
如果自己不快樂，到哪裡你都不快樂，就算到了天堂也一樣。

——《萬事皆美好：讓無數希臘人感受幸福的禮物書》

國家圖書館出版品預行編目資料

萬事皆美好：讓無數希臘人感受幸福的禮物書／史戴凡諾斯．詹內奇斯（Stefanos Xenakis）著；祁怡瑋譯. -- 初版. -- 臺北市：圓神出版社有限公司, 2021.12
272 面；14.8×20.8公分 --（勵志書系；149）
譯自：The Gift
ISBN 978-986-133-800-2（平裝）
1. 自我實現 2.生活指導
177.2　　110017120

The Gift

The Gift

The Gift

The Gift